ACCESO GRATIS *a la Lectura en la Nube*

Para visualizar el libro electrónico en la nube de lectura envíe junto a su nombre y apellidos una fotografía del código de barras situado en la contraportada del libro y otra del ticket de compra a la dirección:

ebooktirant@tirant.com

En un máximo de 72 horas laborables le enviaremos el código de acceso con sus instrucciones.

ANUARIO DE POLÍTICA ECONÓMICA 2024

Procedimiento de selección de originales, ver página web:
www.tirant.net/index.php/editorial/procedimiento-de-seleccion-de-originales

ANUARIO DE POLÍTICA ECONÓMICA 2024

COORDINACIÓN
LUZ DARY RAMÍREZ FRANCO
ANTONIO SÁNCHEZ ANDRÉS

tirant lo blanch
Valencia, 2025

EDITA: TIRANT LO BLANCH
C/ Artes Gráficas, 14 - 46010 - Valencia
TELFS.: 96/361 00 48 - 50
FAX: 96/369 41 51
Email: tlb@tirant.com
www.tirant.com
Librería virtual: www.tirant.es
DEPÓSITO LEGAL: V-3772-2025
ISBN: 979-13-7010-392-7

Si tiene alguna queja o sugerencia, envíenos un mail a: *atencioncliente@tirant.com*. En caso de no ser atendida su sugerencia, por favor, lea en *www.tirant.net/index.php/empresa/politicas-de-empresa* nuestro procedimiento de quejas.

Responsabilidad Social Corporativa: http://www.tirant.net/Docs/RSCTirant.pdf

Índice

Prólogo *11*
Luz Dary Ramírez Franco
Antonio Sánchez Andrés

PARTE I.
POLÍTICA ECONÓMICA INTERNACIONAL COMPARADA

Capítulo 1. Política económica en Angola *15*
Luz Dary Ramírez Franco
Antonio Sánchez Andrés
Problemas de la Economía Angoleña 15
Diseño de la Política Económica en Angola (2020-2024) 18
Ejecución de la Política Económica y Resultados (2020-2024) 20

Capítulo 2. Política económica en Marruecos *25*
Ángel Soler Guillén
Los problemas de la economía de Marruecos 25
El diseño de la política económica 30
Ejecución de la política económica y resultados 32

Capítulo 3. Política económica en Kazajistán *37*
Néstor Vercher Savall
Samuele Bibi
Problemas de la economía de Kazajistán 37
Diseño de la política económica 41
Ejecución de la política económica y resultados 44

Capítulo 4. Política Económica en Turquía *47*
Paula Simó-Tomás
Problemas en la economía turca 47
Diseño de la política económica de Turquía 49
Ejecución de la política económica y resultados 53

Capítulo 5. Política Económica en Colombia *59*
Guillermo Maya Muñoz
Iván de Jesús Montoya Gómez
Luz Dary Ramírez Franco
Los problemas de la economía de Colombia 59
El diseño de la política económica 62
Ejecución de la política económica y resultados 66

Capítulo 6. Políticas Económica en Ecuador *69*
Antoni Seguí Alcaraz
Problemas en la economía ecuatoriana 69
Diseño de la política económica 71
Ejecución de la política económica y resultados 76

Capítulo 7. Políticas Económica en México *83*
Angélica Beatriz Contreras Cueva
Pamela Macías Álvarez
Problemas de la economía de México 83
Diseño de la política económica 85
Ejecución de la política económica y resultados 87

PARTE II. EDUCACIÓN, EQUIDAD Y DESAFÍOS ÉTICOS EN LA SOCIEDAD CONTEMPORÁNEA

Capítulo 8. Educación e igualdad de género *93*
Susana Vázquez Cupeiro
Introducción 93
La conceptualización de la (de)igualdad de género a través de la legislación 94
A modo de conclusión 98
Referencias bibliográficas 101

Capítulo 9. Políticas educativas para mitigar la desigualdad de género en el campo laboral en el periodo 2012-2024 en México *103*
Angélica Beatriz Contreras Cueva
Nancy Maricela González Robles

Problemas en la economía país 103
Diseño de la política económica 105
Ejecución de la política económica y resultados 107
Referencias 110

Capítulo 10. Acoso escolar en España y su relación con el rendimiento académico y la salud mental *113*
Gisela Rusteholz
Mauro Mediavilla
Introducción y motivación 113
Marco teórico y evidencia empírica 115
Recomendaciones para el diseño de políticas o protocolos 119
Bibliografía 122

Capítulo 11. Ética en el desarrollo, despliegue y uso de la inteligencia artificial *125*
Francisco Arenas Dolz
Introducción 125
¿Qué se entiende por inteligencia artificial? 126
Principios éticos de la inteligencia artificial 127
Inteligencia artificial y valores humanos 128
De los principios a la práctica 130
Por un desarrollo participativo de la inteligencia artificial 132
Conclusiones 135
Referencias bibliográficas 136

Capítulo 12. La influencia de la política en el sistema económico. El caso de los principales países latinoamericanos *137*
Nikolay Shkolyar
Argentina: reformas fallidas y crisis cada vez más profunda 137
Brasil: del proteccionismo a un mercado regulado 140
México: una economía abierta y dependiente 142
Chile: dura estabilidad para el crecimiento económico 145
Conclusión 147
Fuentes 149

Prólogo

La edición 2024 del Anuario de Política Económica marca la décima entrega de una obra colectiva que, desde 2015, se ha consolidado como un espacio riguroso de análisis comparado sobre políticas económicas contemporáneas. Impulsado por el profesor Antonio Sánchez Andrés, el Anuario reúne contribuciones del Grupo de Investigación en Política Económica Comparada y Desarrollo (POLCOMDES), reconocido por la Universitat de València.

POLCOMDES estudia la formación y aplicación de políticas económicas en diversos países, atendiendo a sus impactos sobre el cambio socioeconómico y político. Sus investigaciones, con una fuerte dimensión histórica y comparada, se centran tanto en las intervenciones estatales —institucionales, estructurales o coyunturales— como en sus efectos sobre el desarrollo. Este enfoque permite extraer lecciones útiles para el diseño de políticas innovadoras adaptadas a distintos contextos.Este volumen se estructura en dos partes complementarias.

La Primera Parte: Política Económica Internacional Comparada, presenta estudios sobre la evolución reciente de las políticas económicas en Angola, Colombia, Ecuador, Kazajistán, Marruecos, México y Turquía. Los capítulos siguen una estructura común —diseño, ejecución y resultados de la política económica— que permite tanto el análisis individual de cada caso como la comparación entre países. Esta sección ofrece una valiosa perspectiva sobre las tensiones entre estabilidad macroeconómica, crecimiento y equidad, así como sobre los efectos de shocks recientes como la pandemia o la inflación global.

La Segunda Parte del anuario aborda problemáticas transversales con un enfoque temático, centrado en los desafíos que enfrenta la política económica en su interacción con la estructura social y los marcos institucionales. Los capítulos analizan cuestiones como la desigualdad de género en el ámbito educativo y laboral, el impacto del acoso escolar en el rendimiento académico y la salud mental, los retos éticos del uso de la inteligencia artificial en la toma de decisiones, y la influencia de los factores políticos sobre el desempeño económico en América Latina. Estos aportes invitan a reflexionar sobre la necesidad de integrar una visión más amplia e inclusiva en el diseño de políticas públicas.

Como cada año, los capítulos fueron presentados en versión preliminar durante las Jornadas de Política Económica, celebradas el 19 de diciembre de 2024. Este espacio de diálogo permitió enriquecer los textos mediante el intercambio académico, consolidando así una comunidad comprometida con el estudio crítico de la economía.

A lo largo de sus diez ediciones, el Anuario de Política Económica ha analizado más de 25 países y múltiples dimensiones de la acción pública, desde una perspectiva plural e interdisciplinaria. Este esfuerzo editorial sostenido refleja el compromiso del equipo de trabajo con una economía al servicio del desarrollo sostenible, la justicia social y el bienestar colectivo.

Quiero expresar mi agradecimiento al Profesor Antonio Sánchez Andrés, fundador, editor y colaborador constante del anuario; a la Facultad de Economía de la Universitat de València y a la Cátedra sobre Política Económica y Social de Valencia, por su apoyo institucional y económico; y, por supuesto, a todos los autores y autoras por su valiosa contribución. Gracias al trabajo conjunto, esta obra sigue viva y vigente.

LUZ DARY RAMÍREZ FRANCO
ANTONIO SÁNCHEZ ANDRÉS
Coordinadores de la edición 2024
Departamento de Economía Aplicada, Universitat de València

PARTE I.
POLÍTICA ECONÓMICA INTERNACIONAL COMPARADA

Capítulo 1.

Política económica en Angola

LUZ DARY RAMÍREZ FRANCO
Departamento de Economía Aplicada
ANTONIO SÁNCHEZ ANDRÉS
Departamento de Economía Aplicada
Universidad de Valencia

PROBLEMAS DE LA ECONOMÍA ANGOLEÑA

Angola, ubicada en la costa suroeste de África, limita al norte con la República Democrática del Congo, al este con Zambia, al sur con Namibia y al oeste con el océano Atlántico. Con una superficie de aproximadamente 1.246.700 km^2, es uno de los países más grandes de África. Su geografía diversa incluye llanuras costeras, mesetas y áreas montañosas, lo que permite una variada gama de ecosistemas y recursos naturales. Según el Instituto Nacional de Estadística de Angola (2021), la población de Angola en 2023 se estima en alrededor de 34 millones de personas, con una densidad poblacional baja debido a su gran extensión territorial. La mayor parte de la población se concentra en áreas urbanas, especialmente en Luanda, su capital y principal centro económico. De acuerdo con el Banco Mundial (2023), aproximadamente el 66% de la población angoleña reside en zonas urbanas, un reflejo de la rápida urbanización que ha caracterizado al país en las últimas décadas, impulsada principalmente por el auge de la industria petrolera y la migración interna en busca de mejores oportunidades económicas.

En términos demográficos, Angola ha experimentado importantes cambios en las últimas décadas. La edad media de la población se ha elevado ligeramente, pasando de 16 años en 1990 a 17,5 años en 2023, lo cual indica que Angola sigue siendo una nación con una población joven en comparación con otros países. La tasa de natalidad, aunque ha mostrado una leve reducción, se mantiene alta en comparación con estándares internacionales, con 40 nacimientos por cada 1.000 habitantes en 2021. Esto representa un reto significativo para el país en cuanto a la provisión de servicios de salud, educación y empleo para su creciente población joven. Según datos de la Organización Mundial de la Salud (2023), la tasa de mortalidad infantil ha experimentado una reducción considerable en las últimas décadas, pasando de 168 muertes por cada 1.000 nacidos vivos en 1990 a 72 muertes por cada 1.000 en 2023. Este descenso se debe a las mejoras en la atención médica, con avances en programas de vacunación y salud infantil, aunque persisten grandes disparidades en el acceso a servicios médicos, particularmente en las áreas rurales.

Angola es una república presidencialista, en la que el Movimiento Popular de Liberación de Angola (MPLA) ha mantenido el poder desde su independencia de Portugal en 1975. En los últimos años, el país ha avanzado en la implementación de reformas políticas y económicas bajo el liderazgo de João Lourenço, quien asumió la presidencia en 2017. La Constitución angoleña, revisada en 2010, establece un marco formal de separación de poderes entre el Ejecutivo, el Legislativo y el Judicial, aunque el presidente concentra gran parte del poder. Si bien se han logrado algunos avances hacia un sistema más democrático, el poder sigue altamente centralizado en el partido gobernante y la administración presidencial, lo que limita la transparencia y la rendición de cuentas. Las elecciones en Angola han sido criticadas por observadores internacionales, que señalan irregularidades y restricciones a la libertad de expresión. A pesar de los intentos de reforma, el sistema político de Angola sigue siendo percibido como controlado en gran medida por el MPLA, lo que plantea interrogantes sobre el futuro de su desarrollo democrático (Human Rights Watch, 2023).

Angola, una de las principales economías de África subsahariana, enfrenta una serie de problemas económicos profundamente enraizados en su dependencia del petróleo como fuente primaria de ingresos. Con el petróleo representando aproximadamente el 90% de las exportaciones y el 60% de los ingresos fiscales, Angola queda altamente vulnerable a las fluctuaciones de los precios internacionales del crudo. Esta dependencia ha dificultado el desarrollo de otros sectores productivos, como la agricultura y la industria, que podrían reducir el impacto de las variaciones en el mercado energético global. En 2020, el contexto mundial agravado por la pandemia de la COVID-19 provocó una caída drástica en los precios del petróleo, de 64 a menos de 20 dólares por barril, lo que impactó profundamente las finanzas públicas y limitó severamente la capacidad del gobierno para financiar servicios esenciales y proyectos de infraestructura. Esta coyuntura expuso las limitaciones estructurales de la economía angoleña y puso de relieve la urgencia de una diversificación económica.

Para 2023, a pesar de algunos avances en el control de la inflación, que disminuyó al 14% gracias a políticas monetarias restrictivas y a la estabilización del Kwanza, Angola seguía expuesta a riesgos significativos derivados de la necesidad de importar una amplia gama de bienes y productos. Las proyecciones de inflación para 2024, en torno al 10-12%, indican una moderación en la presión inflacionaria, pero esta reducción no se traduce necesariamente en mejoras sustanciales en el poder adquisitivo de la población. Las altas tasas de pobreza continúan imponiendo una gran presión sobre el gobierno para abordar necesidades sociales urgentes y garantizar un crecimiento económico inclusivo.

Un problema clave en la economía angoleña es la deuda pública, que superaba el 120% del PIB en 2020. Esta deuda elevada, consecuencia de años de políticas fiscales laxas y préstamos externos, limitó gravemente la capacidad fiscal del gobierno y comprometió una gran parte de los ingresos públicos al servicio de la deuda. Con el apoyo del Fondo Monetario Internacional (FMI), Angola adoptó un programa de ajuste estructural para reestructurar su deuda y mejorar la estabilidad fiscal, pero la implementación de estas medidas enfrentó obstáculos. La falta de confianza en las instituciones y las limitaciones en la administración pública hicieron que los beneficios de estas políticas no alcanzaran su pleno potencial, afectando sectores críticos como la educación y la salud, y perpetuando la desigualdad social en el país.

El desempleo, particularmente entre los jóvenes, sigue siendo un problema persistente y de gran magnitud. En 2021, la tasa de desempleo general alcanzó el 15,8%, mientras que el desempleo juvenil se situó en un alarmante 29,6% (FMI). A pesar de una ligera reducción en las tasas de desempleo general en 2022 y 2023, el desempleo juvenil se mantuvo elevado, lo que ha generado tensiones sociales y descontento entre la población joven. Esta situación ha sido exacerbada por problemas de gobernanza y una corrupción estructural que ha debilitado la confianza pública y desalentado la inversión extranjera, dificultando los esfuerzos del gobierno por diversificar la economía y reducir la dependencia del petróleo.

La corrupción y las deficiencias en la gobernanza representan desafíos de gran envergadura que han afectado profundamente la capacidad de Angola para desarrollar un sistema institucional robusto y confiable. El Índice de Percepción de la Corrupción 2022 de Transparencia Internacional posicionó a Angola en el puesto 116 de 180 países, con una puntuación de 33 sobre 100, lo que refleja niveles altos de corrupción en el sector público. Diversos casos de desvío de fondos y malversación en empresas estatales, especialmente en el sector energético, han resaltado la falta de controles adecuados y han generado pérdidas financieras significativas para el país. Investigaciones como los "Luanda Leaks" han evidenciado complejos esquemas de corrupción que involucran préstamos irregulares y la falta de transparencia en la administración de empresas clave, lo que no solo ha comprometido las finanzas del Estado, sino que también ha afectado negativamente la percepción internacional sobre el compromiso de Angola con la transparencia y la gobernanza.

Estos problemas de corrupción y gobernanza se presentan como serios obstáculos para atraer la inversión extranjera y construir una economía sostenible. La corrupción generalizada disminuye la confianza en el marco regulatorio del país, desincentiva la inversión en sectores productivos alternativos al petróleo y contribuye a un crecimiento económico desigual. Aunque el gobierno ha comenzado a implementar reformas importantes, como la creación de sistemas de auditoría y la adopción de normativas de transparencia, la eficacia de estas medidas a largo plazo dependerá de su implementación rigurosa y de un compromiso constante con la reforma institucional. La sostenibilidad económica de Angola depende en gran medida de su capacidad para superar estos problemas estructurales y reducir su dependencia del petróleo, desarrollando una base económica más diversificada y fortaleciendo las instituciones públicas.

DISEÑO DE LA POLÍTICA ECONÓMICA EN ANGOLA (2020-2024)

El diseño de la política económica de Angola entre 2020 y 2024 estuvo marcado por la formulación de estrategias ambiciosas orientadas a enfrentar los problemas estructurales y coyunturales de su economía. El Plan de Desarrollo Nacional (PDN) delineó las bases para diversificar la economía, reducir la dependencia del sector petrolero y construir una base productiva más sostenible mediante el desarrollo de sectores clave como la agricultura, el turismo y la manufactura. En este contexto, se propusieron incentivos fiscales y programas de apoyo para fomentar la inversión privada, además de establecer colaboraciones con organizaciones internacionales como el Banco Mundial y el Banco Africano de Desarrollo para financiar proyectos de infraestructura necesarios para el desarrollo rural y la conectividad, fundamentales para un crecimiento inclusivo.

En el ámbito monetario, se planificaron políticas restrictivas que buscaran controlar la inflación y estabilizar el Kwanza, acompañadas por reformas estructurales promovidas en colaboración con el Fondo Monetario Internacional (FMI). Estas reformas incluían la liberalización del tipo de cambio y la reestructuración de la deuda externa, con el objetivo de generar un entorno económico más estable y sostenible. En el ámbito fiscal, se diseñaron medidas como la eliminación de exenciones tributarias innecesarias y el fortalecimiento de la administración tributaria, con la finalidad de aumentar los ingresos fiscales y disminuir la dependencia de recursos externos.

Otro elemento clave del diseño de la política económica fue la promoción de la transparencia y el combate a la corrupción. Se propuso la creación de un sistema de auditoría independiente y la implementación de medidas de transparencia fiscal, como la publicación regular de informes detallados sobre los ingresos y gastos del sector público. Estas iniciativas fueron diseñadas para fortalecer los mecanismos de rendición de cuentas y mejorar la percepción internacional sobre la gobernanza en Angola.

En el área del empleo juvenil, se planearon programas de capacitación laboral destinados a mejorar la empleabilidad de los jóvenes mediante la creación de centros de formación profesional en diversas regiones del país. Estas iniciativas, diseñadas en colaboración con la Unión Europea y otras organizaciones, buscaban responder a las altas tasas de desempleo juvenil mediante el desarrollo de habilidades técnicas relevantes para los sectores clave de la economía.

Por último, el diseño de la política económica también incluyó estrategias de cooperación internacional con el objetivo de atraer inversión extranjera directa y garantizar financiamiento externo para proyectos de infraestructura. Se propuso el establecimiento de acuerdos bilaterales con países como España y China, orientados a promover iniciativas conjuntas en áreas como energías renovables y logística.

En síntesis, el diseño de la política económica de Angola entre 2020 y 2024 muestra un enfoque integral en la diversificación, estabilidad monetaria, consolidación fiscal y mejora de la gobernanza. No obstante, la efectividad de estas políticas sigue enfrentando desafíos debido a la dependencia del financiamiento externo, la infraestructura limitada y las barreras estructurales persistentes. A medida que Angola busca una economía menos dependiente del petróleo, la continuidad de las reformas y una inversión sostenida en infraestructura y capital humano serán cruciales para el desarrollo económico sostenible del país.

EJECUCIÓN DE LA POLÍTICA ECONÓMICA Y RESULTADOS (2020-2024)

La diferencia entre el diseño y la ejecución de la política económica es clave para entender los resultados de Angola entre 2020 y 2024. Mientras el diseño establece los objetivos y estrategias teóricas, la ejecución implica la implementación práctica de estas políticas en un contexto de limitaciones económicas e institucionales. En el caso de Angola, aunque el diseño incluía metas ambiciosas, como la diversificación económica y el fortalecimiento de la gobernanza, la ejecución estuvo influida por desafíos internos y el contexto global, afectando los logros y las limitaciones de estas iniciativas.

La estabilidad monetaria fue uno de los focos centrales de la política económica en Angola. El Banco Nacional de Angola, con apoyo del Fondo Monetario Internacional (FMI), adoptó una política monetaria restrictiva en un esfuerzo por reducir la inflación. Entre 2018 y 2021, Angola recibió asistencia financiera del FMI para respaldar reformas económicas orientadas a estabilizar el Kwanza y reforzar las reservas internacionales (Fondo Monetario Internacional, 2021). Esta política ayudó a reducir la inflación de manera gradual, aunque se mantuvo elevada, alcanzando aproximadamente el 29,93% en septiembre de 2024 (Trading Economics, 2024). La dependencia del financiamiento externo para sostener el Kwanza resalta una vulnerabilidad en la política monetaria, ya que la estabilidad depende en gran medida de la situación económica global.

En cuanto a la consolidación fiscal, la deuda pública de Angola alcanzó el 120% del PIB en 2020, pero gracias a un esfuerzo de reestructuración y políticas fiscales más estrictas, se redujo al 56,11% en 2022. Sin embargo, en 2023, la deuda volvió a aumentar al 60,5% del PIB, lo que refleja las limitaciones de la política de consolidación fiscal en un entorno de ingresos dependientes del petróleo (Banco Mundial, 2023; Trading Economics, 2024). Aunque se lograron avances en la recaudación fiscal mediante la eliminación de ciertas exenciones y un mayor control de la evasión, los recursos fiscales siguen siendo insuficientes para reducir significativamente la carga de la deuda.

La lucha contra la corrupción también fue una prioridad en la política económica de Angola. En 2022, se estableció un sistema de auditoría independiente con el objetivo de revisar regularmente las finanzas públicas y fortalecer los mecanismos de denuncia de irregularidades. Aunque estos esfuerzos permitieron recuperar algunos activos malversados y Angola mejoró su posición en el Índice de Percepción de la Corrupción, pasando del puesto 148 en 2020 al 116 en 2022, la percepción de corrupción sigue siendo un problema significativo que afecta la confianza en las instituciones (Transparencia Internacional, 2023; Real Instituto Elcano, 2023).

En relación con el empleo juvenil, el gobierno de Angola ha impulsado programas para mejorar la capacitación laboral, especialmente en sectores no petroleros, en colaboración con organismos internacionales. Aunque se han logrado ciertos avances, como la mejora en la capacitación profesional, el desempleo juvenil sigue siendo alto, y la creación de empleos sostenibles ha avanzado lentamente debido a las barreras estructurales y a la limitada infraestructura (ICEX, 2023; Banco Africano de Desarrollo, 2023).

Los resultados de la ejecución de la política económica en Angola entre 2020 y 2024 son diversos. En términos positivos, la estabilización monetaria y ciertos avances en consolidación fiscal reflejan un compromiso por mejorar la situación económica. Sin embargo, la dependencia del financiamiento externo, junto con los altos niveles de deuda pública y una base económica aún concentrada en el petróleo, limitan el impacto a largo plazo de estas políticas.

Por otro lado, los esfuerzos en gobernanza y transparencia, aunque significativos, no han sido suficientes para cambiar de manera profunda la percepción de corrupción en el país, lo cual afecta la atracción de inversión extranjera. En cuanto al empleo juvenil, los programas de capacitación han tenido un impacto limitado debido a la falta de empleos sostenibles y las barreras de infraestructura. Esto resalta la necesidad de una inversión sostenida en capital humano e infraestructura para generar oportunidades laborales a largo plazo.

A través del análisis se puede afirmar que la composición del Producto Interno Bruto (PIB) de Angola ha estado históricamente dominada por el sector petrolero, que ha sido la principal fuente de ingresos y exportaciones del país. Durante décadas, este sector representó más del 30% del PIB, cerca del 90% de las exportaciones totales y aproximadamente el 60% de los ingresos fiscales. Sin embargo, entre 2020 y 2024, Angola inició un proceso de transformación económica orientado a diversificar su economía y reducir su dependencia del petróleo, reflejando cambios significativos en la estructura sectorial del PIB.

El sector petrolero continuó siendo un componente clave de la economía angoleña durante este período, aunque su peso relativo en el PIB mostró una ligera disminución. Mientras que en 2019 este sector representaba aproximadamente el 30% del PIB, en 2024 su participación se redujo al 27%. Esta contracción estuvo impulsada por la caída en los niveles de producción, el agotamiento de algunos campos petrolíferos y la creciente volatilidad en los precios internacionales del crudo. Además, el compromiso global hacia la transición energética y la diversificación económica en Angola acentuaron esta tendencia. A pesar de estos esfuerzos, el sector petrolero continuó siendo la principal fuente de divisas y un elemento central en las finanzas públicas.

La agricultura y la pesca, tradicionalmente subdesarrolladas en comparación con el potencial del país, experimentaron un leve aumento en su participación en el PIB. En 2019, este sector representaba cerca del 9%, incrementándose al 11% en 2024. Este crecimiento respondió a políticas gubernamentales destinadas a revitalizar el sector rural mediante incentivos para la creación de cooperativas agrícolas y programas de mejora de infraestructura, en particular en las zonas más remotas. Sin embargo, las limitaciones en infraestructura, tecnología y acceso al crédito siguieron restringiendo el potencial de este sector.

Por su parte, la industria y la manufactura no mostraron cambios significativos durante este período, manteniéndose en torno al 5%-6% del PIB. A pesar de los esfuerzos por fomentar el desarrollo industrial, particularmente en la producción de bienes de consumo y productos básicos como cemento y derivados agrícolas, este sector continuó enfrentando barreras estructurales. Entre estas barreras destacan la falta de infraestructura adecuada, la insuficiente disponibilidad de energía y la limitada capacidad para atraer inversión extranjera directa en industrias transformadoras.

El sector servicios permaneció como el principal componente del PIB angoleño, con una participación cercana al 50% durante el período 2020-2024. Dentro de este sector, el comercio, los servicios financieros y las telecomunicaciones mostraron un crecimiento sostenido impulsado por el proceso de urbanización y el aumento de la actividad económica en áreas urbanas. Sin embargo, subsectores como el turismo, que el gobierno identificó como un motor potencial para la diversificación económica, se vieron gravemente afectados por la pandemia de COVID-19 y mostraron una recuperación lenta hacia el final del período.

El sector de la construcción, que en años anteriores había sido impulsado por el gasto público en grandes proyectos de infraestructura, experimentó una contracción significativa al inicio del período debido a las restricciones presupuestarias impuestas por la caída en los ingresos fiscales derivados del petróleo. Su participación en el PIB pasó de un 7% en 2019 a aproximadamente un 5% en 2022, aunque comenzó a recuperarse en

2023 y 2024 gracias a proyectos financiados mediante asociaciones público-privadas y acuerdos de cooperación internacional.

En términos generales, el período 2020-2024 representó un momento de transición para la economía angoleña, con intentos por reequilibrar su estructura productiva hacia sectores no petroleros. Si bien se observaron avances modestos, la economía del país sigue dependiendo en gran medida del petróleo, lo que la hace vulnerable a las fluctuaciones del mercado internacional. A pesar de los esfuerzos por diversificar el PIB, Angola enfrenta desafíos importantes, como la baja productividad en sectores clave, la falta de infraestructura y las deficiencias en gobernanza, que limitan su capacidad para lograr un desarrollo económico sostenible.

Indicadores Económicos de Angola (2019-2023)

Indicador	2019	2020	2021	2022	2023
PIB nominal (miles de millones de USD)	94.67	62.71	74.49	111.00	84.72
Crecimiento del PIB real (%)	-0.7	-5.2	0.7	3.5	0.9
PIB per cápita (USD)	3,093	2,309	2,309	2,309	2,309
Tasa de desempleo (%)	31.8	34.0	34.0	32.7	32.7
Inflación (%)	17.1	22.3	25.8	21.4	13.6
Saldo presupuestario (% del PIB)	-0.1	-4.5	2.7	2.7	2.7
Deuda pública (% del PIB)	109.8	127.1	86.0	50.7	60.5
Exportaciones (miles de millones de USD)	34.0	23.0	28.0	38.0	40.0
Importaciones (miles de millones de USD)	15.0	12.0	13.0	15.0	16.0
Saldo comercial (miles de millones de USD)	19.0	11.0	15.0	23.0	24.0
Reservas internacionales (miles de millones de USD)	16.0	14.0	15.0	17.0	18.0

Fuente: Elaboración de los autores con datos del Banco Mundial (2023), Fondo Monetario Internacional (2023), y Trading Economics (2023)

Capítulo 2.
Política económica en Marruecos

ÁNGEL SOLER GUILLÉN
Departamento de Economía Aplicada
Universidad de Valencia

1. LOS PROBLEMAS DE LA ECONOMÍA DE MARRUECOS

Marruecos es un país situado en el extremo noroeste del continente africano, limitando al norte con el mar Mediterráneo y al oeste con el océano Atlántico. Comparte fronteras terrestres con Argelia al este y sureste, y con el Sahara Occidental al sur, un territorio que reclama como propio pero que está en disputa. También está separado de Europa por el estrecho de Gibraltar, lo que lo convierte en un punto estratégico de conexión entre África y Europa. Con una población que supera los 37 millones de habitantes, Marruecos es una nación culturalmente diversa, en la que coexisten influencias árabes, bereberes, africanas y europeas.

Su extensión es de 446.550 km^2, lo que lo convierte en un país relativamente pequeño en comparación con su vecino oriental, Argelia, aunque su densidad poblacional de aproximadamente 83,3 habitantes por km^2, es considerablemente más alta que la de este mismo país. Los indicadores demográficos muestran una transición hacia una sociedad más desarrollada en los últimos 43 años, pues la edad media de la población indica signos de maduración al pasar de 20 años en 1980 a 29 años en 2023. La tasa de natalidad ha experimentado una caída significativa, de 54 por mil en 1980 a 22 por mil en la actualidad, lo que está relacionado con la urbanización, la mejora en la educación, y el acceso a servicios de planificación familiar, que han contribuido a que las familias tengan menos hijos. De manera similar, la tasa de mortalidad ha descendido de 10,8 por mil a 5,2 por mil, como consecuencia de las mejoras en la atención médica y el bienestar general de la población. La tasa de mortalidad infantil también muestra un claro avance pues ha disminuido drásticamente de 85 muertes por cada 1.000 nacidos vivos en 1980 a 18,5 en 2023. Este progreso está vinculado a mejoras en la atención prenatal, la vacunación y el acceso a servicios de salud para madres y niños. Consecuentemente, la esperanza de vida ha aumentado significativamente, pasando de 58 años en 1980 a 76 años en 2023.

En relación con el incremento de los niveles educativos de la población, Marruecos ha experimentado una evolución notable, al pasar de una tasa bruta de matriculación en educación primaria del 56,1% en 1980 al 99,6% en la actualidad, y de una tasa de bruta de matriculación en educación secundaria del 20,9% en 1980 al 81,2% en 2019. Este logro ha tenido lugar gracias a los esfuerzos dirigidos a la educación de las mujeres y la expansión del acceso a la educación en zonas rurales. Pese a ello, el nivel de cualificación de la población es bajo y los niveles de abandono educativo muy elevados, pues 12% de los niños marroquíes no ha recibido ninguna educación y la tasa de abandono escolar alcanza el 60% de los alumnos en algunas zonas rurales.

Aproximadamente el 60% de la población vive en áreas urbanas, siendo las ciudades más importantes Casablanca, Rabat y Tánger, situadas en la costa atlántica. Sin embargo, también hay importantes concentraciones de población en el interior, especialmente en Fez y Marrakech. La mayor parte de los marroquíes viven cerca de la costa, debido a la disponibilidad de recursos y mejores oportunidades económicas, mientras que las áreas rurales, principalmente en el interior montañoso y desértico, están menos pobladas.

A lo largo de su historia, Marruecos ha sido escenario de diversas dinámicas coloniales. En el siglo XIX Francia y España, comenzaron a interesarse por Marruecos debido a su posición geoestratégica. En 1912, Marruecos se dividió en dos protectorados, uno francés que abarcaba la mayor parte del país, y otro español en el norte (incluía las regiones del Rif y Yebala) y sur (Cabo Juby) del territorio marroquí. Esta etapa de colonización trajo cambios significativos en la administración y la infraestructura, aunque también generó tensiones internas y resistencia por parte de los marroquíes, especialmente en las zonas rurales.

La descolonización de Marruecos se produjo tras un largo proceso de lucha política y diplomática, así como resistencia armada, especialmente representada por el movimiento de independencia del sultán Mohammed V. En 1956, Marruecos logró finalmente su independencia de Francia, y poco después, también de España. No obstante, la influencia española ha permanecido en algunas zonas, como Ceuta y Melilla, pues forman parte del territorio español desde los siglos XV y XVI.

Marruecos mantiene con Argelia, el país más grande de África, relaciones históricamente tensas y complejas, además de profundas diferencias políticas, territoriales y diplomáticas. Uno de los principales puntos de fricción es el conflicto sobre el Sahara Occidental, un territorio que Marruecos reclama como propio pero que Argelia apoya como un caso de autodeterminación, respaldando al Frente Polisario, un movimiento que busca la independencia de la región. Este conflicto ha sido el principal obstáculo para una normalización de las relaciones entre ambos países, aunque no es el único frente de disputa.

En términos políticos, Marruecos es una monarquía constitucional con una constitución que fue revisada recientemente, en 2011, tras las protestas causadas por la "Primavera Árabe". Las reformas que se llevaron a cabo, aunque fueron significativas, no eliminaron el gran poder del monarca, actualmente el rey Mohammed VI. La Constitución marroquí establece una división de poderes, pero el rey conserva amplias competencias ejecutivas, como la capacidad de nombrar al primer ministro y a los principales cargos militares y religiosos. Aunque Marruecos ha experimentado avances democráticos, con elecciones regulares y la existencia de partidos políticos, el sistema sigue siendo híbrido, con una fuerte influencia monárquica en la toma de decisiones.

En la actualidad, el sector primario de Marruecos representa el 13,4% del PIB, un porcentaje muy abultado que señala la elevada dependencia de este sector que expone a la economía a las fluctuaciones climáticas, fundamentalmente las sequías, que impactan negativamente la productividad agrícola. La agricultura marroquí (dominada por el cereal y una fuerte expansión del sector olivarero) se caracteriza por su vulnerabilidad a causa de la falta de modernización y de introducción de innovaciones, además de su exposición a factores climáticos. Esta reducida productividad del sector se refleja en que para aportar el 13,4% del PIB precisa del 40% de la población ocupada.

En el sector industrial, que representa casi el 30% del PIB marroquí ha logrado notables avances en productividad, principalmente debido a un segmento que ha experimentado un rápido crecimiento como es la industria del automóvil y que juega un papel crucial dentro de la industria de transformación o manufacturera. Marruecos se ha consolidado como un *hub* automotriz en África, atrayendo inversiones significativas de multinacionales como *Renault y Stellantis (PSA Peugeot Citroën)*, que han instalado plantas de producción en las ciudades de Tánger y Kenitra, respectivamente. Estas fábricas no solo abastecen al mercado local, sino que gran parte de su producción se destina a la exportación, especialmente a Europa, aprovechando la proximidad geográfica y acuerdos comerciales favorables.

El sector del automóvil ha sido un motor clave para la industrialización del país, generando empleo y contribuyendo a la modernización de la economía. En 2022, la industria de transformación, que incluye la automoción, aportó un 17,6% al PIB. Este crecimiento ha permitido que Marruecos se posicione como el segundo mayor productor de automóviles en África, después de Sudáfrica, y como un destino competitivo para la deslocalización de empresas automotrices debido a sus costes de producción relativamente bajos. La importancia de esta industria también radica en el impulso a otras áreas, como la fabricación de componentes, logística y transporte, integrándose cada vez más en las cadenas globales de valor, generando empleo y atrayendo inversiones extranjeras.

En relación con el sector energético, Marruecos no cuenta con grandes reservas de hidrocarburos, de hecho, es altamente dependiente de la importación de energía, ya que cerca del 90% de su energía primaria proviene de fuentes externas, lo que lo convierte en un importador neto de energía.

El sector servicios representa actualmente alrededor del 57% del PIB. Este sector ha sido un motor de crecimiento constante para Marruecos, impulsado en gran medida por el turismo, el comercio y los servicios financieros. Tras el impacto de la pandemia, el turismo ha mostrado una fuerte recuperación, alcanzando un récord de 14 millones de visitantes en 2023, aunque la dependencia de este sector supone una debilidad adicional a la falta de digitalización y modernización de algunos sectores dentro de los servicios, lo que limita el crecimiento a largo plazo y reduce la competitividad de Marruecos en un contexto global donde la economía digital juega un papel clave en el desarrollo.

Los condicionantes que deben tenerse en cuenta antes de analizar el cuadro macroeconómico de Marruecos son que desde el inicio de la pandemia se han dado una serie de impactos externos sin precedentes que han puesto a prueba la economía marroquí. Entre los elementos que han dificultado su crecimiento se encuentra la invasión de Ucrania por Rusia, el incremento en los precios y la demanda de materias primas, especialmente energéticas, y una intensa sequía que se ha prolongado durante dos años. A estos factores hay que añadir el terremoto de *El Hauz* en octubre de 2023 y las consecuencias derivadas del conflicto en Gaza, que han añadido presión sobre su sistema económico. No obstante, la economía marroquí ha mostrado una resiliencia notable, beneficiándose de un importante respaldo financiero por parte de instituciones multilaterales, con el FMI al frente de los apoyos.

Como se observa en cuadro macroeconómico Marruecos muestra una evolución notable en su crecimiento económico durante el periodo de 2019 a 2023, con variaciones significativas vinculadas al impacto de la pandemia de COVID-19 en 2020. En este contexto, el PIB nominal disminuyó en 2020, reflejando la contracción económica generalizada de -7,2% en el crecimiento real del PIB, pero experimentó una recuperación sustancial en 2021 con un incremento del 8,0%, antes de estabilizarse en torno al 1,3% y 3,2% en los dos años posteriores. En relación con el PIB per cápita la economía marroquí refleja una caída en 2020 y una posterior recuperación que mantiene una tendencia ascendente, alcanzando los 8.782 dólares en 2023, situándose de este modo los niveles prepandémicos en este año.

En términos del mercado laboral, la tasa de paro en Marruecos mostró una tendencia inicial al alza en 2020, alcanzando el 11,20%, lo que refleja las consecuencias del shock pandémico en la economía y la consiguiente disminución en la creación de empleo. Sin embargo, a partir de 2021, el país consiguió reducir esta tasa progresivamente hasta situarse en un 9,11% en 2023, acercándose a niveles previos a la crisis sanitaria.

La inflación, que se mantuvo en niveles bajos en 2019 y 2020, comenzó a repuntar en 2021 y alcanzó un punto álgido en 2022 con un 6,66% como consecuencia de las rupturas en las cadenas de suministro, el incremento de precio de las materias primas, la sequía extrema y la reactivación de la demanda. Aunque en 2023 sigue siendo elevada experimenta una ligera reducción hasta el 6,09%.

En cuanto al bloque fiscal, este muestra un saldo presupuestario que, tras registrar un déficit del 3,55% del PIB en 2019, se amplió notablemente hasta el 7,15% en 2020 debido al aumento del gasto público y la disminución de ingresos en el contexto de la pandemia. En los años siguientes, el déficit se fue reduciendo paulatinamente, situándose en un valor alrededor del 5% en 2023. La deuda pública, por su parte, también registró un incremento pronunciado en 2020, hasta el 72,25% del PIB, y aunque ha habido ciertos ajustes en los años posteriores, se mantiene en niveles elevados, con un 71,48% en el último registro.

En relación con el comercio internacional, Marruecos experimentó fluctuaciones tanto en las exportaciones como en las importaciones como proporción del PIB. El peso de las exportaciones en el PIB, que se redujo en 2020 pese a la disminución del PIB, se recuperó en los años siguientes, alcanzando el 43,95% del PIB en 2023, mientras que las importaciones (sobre el PIB), tras una disminución inicial, repuntaron fuertemente en 2022, situándose en el 56,31% del PIB. La evolución del saldo comercial muestra un déficit constante a lo largo del período, aunque con variaciones en magnitud, especialmente pronunciado en 2022.

En el periodo de 2019 a 2023 las reservas internacionales han mostrado un fortalecimiento notable a partir de 2020 como respuesta a la necesidad de una mayor estabilidad frente a las incertidumbres globales derivadas de la pandemia, manteniéndose en 2023 en niveles elevados, con 36,33 millardos de dólares, lo que proporciona al país un colchón financiero importante para afrontar posibles shocks externos, como algunos a los que ha hecho frente recientemente.

2. EL DISEÑO DE LA POLÍTICA ECONÓMICA

En los últimos años Marruecos ha seguido una estrategia de crecimiento equilibrado, consolidación fiscal y estímulo al sector privado, en un contexto complejo marcado por crisis geopolíticas, inflación y eventos climáticos extremos, el gobierno ha establecido un marco de políticas orientado a la diversificación económica y al impulso del empleo, a través de reformas estructurales en sectores estratégicos y medidas para asegurar una sostenibilidad fiscal. Con este enfoque ha buscado fortalecer la economía nacional y posicionarse en el norte de África como un país dinámico y resiliente.

La política presupuestaria se ha centrado en la consolidación fiscal con el objetivo de reducir el déficit fiscal al 3% del PIB para 2026. Para ello, se ha planificado una ampliación del IVA a más productos, además de una simplificación del sistema de tarifas hacia dos tipos principales de 10% y 20% en 2026. Esta reforma busca optimizar la recaudación fiscal, reducir la dependencia de los subsidios y liberar recursos para sectores prioritarios como salud, educación e infraestructuras. Además, se ha propuesto eliminar gradualmente los subsidios a productos esenciales como el gas butano, trigo y azúcar para 2025, con el fin de aliviar la carga fiscal y redirigir los fondos hacia proyectos de mayor impacto social y económico. A través de estas reformas fiscales, el gobierno persigue conseguir un sistema tributario que sea más equitativo y que fortalezca la capacidad de financiación del Estado.

En el ámbito monetario, el Banco Central de Marruecos, Bank al-Maghrib, ha adoptado un enfoque cauteloso. En 2023, elevó el tipo de interés de referencia al 3% en un esfuerzo por controlar la inflación y tratar de mantener el poder adquisitivo de la población, frente a los efectos de las alzas en los precios internacionales de las materias primas. Esta política monetaria también ha estado orientada a mantener la estabilidad cambiaria y a proteger las reservas internacionales, contribuyendo a reforzar la confianza de los inversores y a asegurar una competitividad económica en un entorno de volatilidad global.

En términos de inversión en infraestructuras, Marruecos ha dado prioridad a sectores críticos como la energía renovable y el agua, ante la necesidad de enfrentar la escasez hídrica (ha afrontado un dura y larga sequía) y reducir su dependencia energética externa. El país se ha propuesto que, para 2030, el 64% de su energía provenga de fuentes renovables, una meta ambiciosa que responde tanto a la demanda interna como a su objetivo de convertirse en exportador de energía limpia. Para lograrlo, Marruecos ha puesto en marcha proyectos de energía solar y eólica de gran escala, promovidos a través de asociaciones público-privadas. Estas iniciativas no solo mejoran la sostenibilidad ambiental, sino que también protegen la economía de las fluctuaciones en los precios internacionales de las materias primas energéticas.

En relación con el objetivo de generar empleo, Marruecos se ha propuesto crear, con gran ambición, un millón de nuevos puestos de trabajo para 2026. Dado que el crecimiento económico esperado puede no ser suficiente para esta generación de empleo, el gobierno ha impulsado incentivos para el sector privado y ha lanzado programas temporales de empleo público que se reducirán gradualmente. La promoción de asociaciones público-privadas en sectores como el turismo, la tecnología y la manufactura tiene un papel muy relevante para canalizar capital y conocimiento técnico hacia proyectos de alto impacto, impulsando un crecimiento equilibrado y descentralizado. Además, el gobierno ha fortalecido el marco regulador para atraer inversión extranjera, haciendo de Marruecos un destino atractivo para inversores en el norte de África.

El clúster del automóvil ha sido una pieza clave en este modelo de crecimiento económico. La política económica marroquí ha promovido el desarrollo de esta industria, que se ha convertido en uno de los sectores de exportación más importantes del país y del norte de África. Con apoyo del gobierno en infraestructuras y políticas de inversión, Marruecos ha logrado consolidarse como un centro de manufactura para fabricantes automotrices globales, lo que diversifica su economía y reduce la dependencia de sectores más volátiles como la agricultura. El desarrollo de este sector no solo contribuye a la creación de empleo y producción, sino que fortalece el comercio exterior, las relaciones comerciales con socios internacionales y su proyección como un país dinámico y en proceso de modernización.

La inclusión social y la descentralización de políticas también se han considerado por parte del gobierno de Marruecos. Con el objetivo de reducir las desigualdades regionales, el gobierno ha promovido políticas de acceso a servicios básicos de salud y educación en áreas rurales. Este enfoque descentralizado permite a los gobiernos locales una mayor autonomía en la gestión de recursos, promoviendo un crecimiento económico más inclusivo que beneficia a las regiones menos desarrolladas del país y que fomenta la cohesión social.

3. EJECUCIÓN DE LA POLÍTICA ECONÓMICA Y RESULTADOS

En 2023, el gobierno marroquí implementó una política fiscal expansiva para contrarrestar los efectos de la crisis económica mundial y el devastador terremoto en la región de El Hauz. Esta estrategia incluyó un aumento del gasto público en un 6,3% respecto al año anterior, con énfasis en la sanidad y en la infraestructura, particularmente en proyectos de abastecimiento de agua, una prioridad crítica debido a la creciente escasez hídrica. A pesar de mantener la meta de reducir el déficit fiscal al 3% del PIB para 2026, el impacto de los recientes desastres naturales y el aumento progresivo de los precios han llevado a un aumento del déficit, que se espera alcance el 6,7% del PIB en 2024. Desde enero de 2024, el gobierno ha aplicado una serie de reducciones en el gasto corriente, con ajustes presupuestarios destinados a moderar el gasto en áreas que considera menos prioritarias. No obstante, aunque sigue priorizando la inversión en sectores clave como la educación, la salud y las infraestructuras, tiene previsto retomar gradualmente los planes de ajuste fiscal en los años siguientes para reducir sus cifras de déficit presupuestario y deuda pública.

En cuanto a la política monetaria, el Banco Central de Marruecos, Bank al-Maghrib, ha jugado un rol destacado en la estabilización económica. En marzo de 2023, en respuesta a las crecientes presiones inflacionarias, el Banco elevó la tasa de interés de referencia al 3% con el fin de controlar el alza en los precios de productos básicos y proteger el poder adquisitivo de los ciudadanos. Este incremento se convirtió en una herramienta clave para reducir el ritmo de la inflación, que empezó a mostrar signos de estabilización hacia finales de 2023. En 2024, Bank al-Maghrib ha realizado dos ajustes en su tipo de interés de referencia. En marzo mantuvo la tasa en el 3%, pero posteriormente, en junio, decidió reducirla en 25 puntos básicos, situándola en 2,75%. En septiembre, el banco optó por mantener la tasa sin cambios en 2,75%, considerando que la orientación de la política monetaria seguía siendo adecuada.

La ejecución de grandes proyectos de infraestructura ha sido clave en la política económica de Marruecos. En respuesta a la crisis hídrica y a la creciente necesidad de diversificar sus fuentes de energía, el país ha acelerado la implementación de proyectos de energía renovable desde 2023. Con el apoyo de asociaciones público-privadas, las inversiones en infraestructura energética no solo buscan cubrir la demanda interna, sino también posicionar a Marruecos como exportador de energía limpia en la región, lo que diversifica las fuentes de ingreso del país y reduce su vulnerabilidad a las fluctuaciones en los precios internacionales de las materias primas. Además, en 2024 se ha destinado una cantidad destacada de fondos (según el gobierno marroquí) al desarrollo de la infraestructura hídrica, especialmente dirigida a mejorar el acceso y la gestión del agua en las regiones más afectadas por la sequía.

En términos de generación de empleo, el gobierno ha lanzado varios programas (diseñados para ser temporales) y que se enfocan principalmente en el sector público. Estos programas se han implementado sobre todo en las áreas más afectadas por el terremoto ocurrido en 2023, con el objetivo de ofrecer trabajo inmediato a las comunidades perjudicadas y apoyar la recuperación de estas zonas, como la región del Atlas. Asimismo, se ha impulsado la creación de empleo en el sector privado a través de asociaciones público-privadas que fomenten el crecimiento y la productividad en sectores clave como el turismo, la tecnología y la manufactura, con la intención de que este sector absorba progresivamente la demanda laboral a medida que los programas de empleo público disminuyan en los próximos años.

En 2024, el gobierno está continuando con su plan de optimización de la eficiencia en empresas estatales y potenciación del sector privado a través del fortalecimiento de los marcos regulatorios y un ambiente de negocios más atractivo para la inversión. La participación privada en proyectos estratégicos es vista como un pilar en la mejora de la productividad y competitividad, con un impacto que se espera sea evidente a finales de 2025.

En el sector automotriz, la ejecución de políticas específicas ha llevado a un incremento significativo de las exportaciones, que alcanzaron los 14.300 millones de dólares en 2023, un crecimiento del 34,5% respecto al año anterior. Este aumento en las exportaciones ha sido resultado de políticas de largo plazo que han consolidado a Marruecos como un centro de producción clave para fabricantes de automóviles europeos, contribuyendo a la reducción del déficit de cuenta corriente, que se mantuvo en un 0,7% del PIB en 2023, el nivel más bajo desde 2007. De cara a 2024, aunque se prevé una desaceleración en el crecimiento del sector debido a la disminución de la demanda europea, Marruecos continúa expandiendo su capacidad de producción en esta industria con la construcción de dos plantas de baterías para vehículos eléctricos, reforzando su posición en la cadena de valor global de los vehículos eléctricos.

En cuanto a la política económica de Marruecos en relación con la inmigración, esta ha sido en gran medida una respuesta a la creciente presión migratoria en la región y a las necesidades de cooperación con la Unión Europea. Marruecos, como país de tránsito para migrantes provenientes de África subsahariana, ha adoptado un enfoque que combina el control de fronteras con políticas de asistencia. Sin embargo, el flujo migratorio sigue siendo un desafío, especialmente en el contexto de la situación económica y la alta tasa de desempleo que también afecta a la población marroquí.

La Unión Europea, reconociendo la importancia de Marruecos en la gestión de la migración, ha establecido un programa de cooperación de 624 millones de euros que incluye financiación para mejorar el control fronterizo. Este fondo apoya no solo la vigilancia de las fronteras, sino también iniciativas en áreas como políticas de energía verde y desarrollo sostenible para fortalecer el modelo productivo y las posibilidades de creación de empleo. La asignación de estos recursos refleja el papel estratégico de Marruecos para la UE en el control de flujos migratorios.

Finalmente, la ejecución de la política económica en Marruecos ha logrado avances en sectores estratégicos y ha contribuido a la resiliencia económica del país, aunque todavía se mantienen desafíos que limitan sus resultados en términos de equidad social y respeto a los derechos. A pesar de las reformas fiscales y las políticas de gasto, persisten limitaciones para acceder en igualdad de oportunidades a la educación y a otros servicios fundamentales, así como a mejoras en las condiciones de vida, especialmente en áreas rurales y entre los grupos más vulnerables. La política migratoria, por otro lado, continúa siendo objeto de crítica, ya que las condiciones para migrantes y refugiados en tránsito son frecuentemente señaladas por su falta de adecuación a estándares internacionales. Estos aspectos reflejan una necesidad de avanzar hacia una ejecución de políticas que considere, además del crecimiento económico, el bienestar de toda la población y la protección efectiva de los derechos humanos en el país.

Cuadro macroeconómico de Marruecos. 2019-2023

Indicadores	2019	2020	2021	2022	2023
PIB nominal (miles de millones de dólares)	128,92	121,35	141,82	130,91	141,11
Crecimiento del PIB real (porcentaje)	2,9	-7,2	8,0	1,3	3,2
PIB per cápita (PPA en dólares de 2021)	8.743	8.029	8.581	8.600	8.782
Tasa de paro (porcentaje de la población activa)	9,21	11,20	10,54	9,53	9,11
Inflación (porcentaje)	0,30	0,71	1,40	6,66	6,09
Saldo presupuestario público (porcentaje del PIB)	-3,55	-7,15	-5,94	-5,22	-5,00
Deuda pública (porcentaje del PIB)	60,27	72,25	68,94	71,48	70,00
Exportaciones (porcentaje del PIB)	34,09	30,79	33,18	44,81	43,95
Importaciones (porcentaje del PIB)	41,91	38,05	42,45	56,31	52,26
Saldo comercial (miles de millones de dólares)	-10,07	-8,80	-13,14	-15,05	-11,72
Reservas internacionales (miles de millones de dólares)	26,41	36,00	35,65	32,32	36,33

Fuente: Elaboración propia a partir de los datos del Fondo Monetario Internacional, Banco Mundial, Alto Comisionado para la Planificación de Marruecos, Banco Central de Marruecos y Ministerio de Finanzas de Marruecos

Capítulo 3.
Política económica en Kazajistán

NÉSTOR VERCHER SAVALL[1]
Dept. Economía Aplicada.
Universitat de València
SAMUELE BIBI[2]
MaMTEP - Macroeconomic Methodology, Theory and Economic Policy
Aalborg University Business School

PROBLEMAS DE LA ECONOMÍA DE KAZAJISTÁN

Kazajistán es la novena nación más grande del mundo y el mayor país sin salida al mar. Su economía desempeña un rol decisivo en Asia Central, especialmente desde la disolución de la Unión Soviética. Tras su independencia en diciembre de 1991, el país atravesó un difícil periodo de inestabilidad económica, caracterizado por una profunda recesión y la hiperinflación. Este casi-colapso económico llevó a los dirigentes del país a emprender un ambicioso proceso de liberalización económica y privatización a lo largo de la década de los 90, con el objetivo de transformar su economía centralizada en un modelo de libre mercado. Aproximadamente 9.000 empresas estatales fueron privatizadas en ese periodo. Apenas un lustro después de iniciar las reformas, más de la mitad del capital del país ya estaba en manos privadas. Con el inicio del nuevo milenio, Kazajistán experimentó un notable crecimiento, reconocido por algunos como un auténtico "milagro económico". De hecho, en el 2000 fue oficialmente reconocido como una economía de mercado por la Unión Europea y Estados Unidos. A pesar del reconocimiento internacional, Kazajistán aún sostiene importantes problemas económicos que constituyen todo un reto desde el punto de vista de la política económica[1].

---

1 La información y datos analizados en este capítulo provienen de varias fuentes, como las páginas web de la Kazakhstan 2050 Strategy (https://kazakhstan2050.com), el Asian Development Bank (https://www.adb.org/where-we-work/kazakhstan/overview) y el World Bank (https://www.worldbank.org/en/country/kazakhstan/overview#1). También se emplean informes de instituciones, como Anderson et al. (2018). *Kazakhstan. Accelerating economic diversification.* Asian Development Bank. 10.22617/TCS189413-2; OECD. (2017). *Multi-dimensional review*

Economía extractivista y de base exportadora

Kazajistán es el mayor productor mundial de uranio, con enormes depósitos de metales y combustibles. En Asia Central, es el país con la segunda mayor reserva de petróleo y, además, el segundo mayor productor de petróleo, solo después de Rusia. Este hecho explica en gran medida que la economía de Kazajistán esté sustentada en la exportación de recursos naturales. En 2023, las exportaciones alcanzaron los 78,6 mil millones de dólares, más de un 30% del PIB, con el petróleo crudo como recurso principal con un peso aproximadamente del 60% respecto las exportaciones totales. Otros productos como el gas natural, el oro, el cobre y los minerales forman parte de la cesta comercial del país y, junto al petróleo, alcanzan el 90% de total de las exportaciones. Durante los años de auge del super ciclo de las materias primas, esta estructura permitió al país registrar superávits comerciales significativos, con picos de hasta el 25% del PIB en 2008 y 2011.

Una balanza comercial positiva (23.000 millones de dólares en 2022) es, por tanto, una característica estructural de la economía kazaja que ha permitido mantener un flujo constante de divisas muy relevante para su desarrollo económico. No obstante, estas dinámicas comerciales subrayan la fuerte dependencia de Kazajistán en las exportaciones de recursos naturales y la importancia de sus relaciones comerciales con determinadas potencias, principalmente Italia, China y Rusia, quienes representaban en 2023 el 18,8%, 18,7% y el 12,4% del total de las exportaciones, respectivamente. La estructura económica concentrada en este sector y orientada a la exportación ha conllevado un crecimiento muy limitado de otras industrias que podrían generar ingresos más sostenibles y menos volátiles, tales como industrias en sectores de nivel tecnológico medio y avanzado, además de los servicios especializados que podrían dar apoyo a las empresas de estos

---

of Kazakhstan: Volume 2. In-depth analysis and recommendations. OECD Publishing. 10.1787/9789264269200; y y artículos de Bibi, S., & Yerzhan, I. (2024). Central Bank Digital Currency and digital payment instruments: Kazakhstan's experience between obstacles, threats and opportunities (under review); Bibi, S. (2024). Oil revenues, FDI and balance of payment dynamics: The case of Kazakhstan between the supercycle commodity boom and financial subordination, *Resources Policy*, 90, 104789. 10.1016/j.resourpol.2024.104789; Bibi, S., Patterns of Subordination Beyond Geographical Boundaries: the Common Path of Peru and Kazakhstan Between Natural Resources, Foreign Ownership and Financial Inflows (October 9, 2023). Available at SSRN: https://ssrn.com/abstract=4598184 or http://dx.doi.org/10.2139/ssrn.4598184

nuevos sectores. Esto ha afectado también a la capacidad innovadora de su economía, ligada a la falta de diversidad.

Subordinación financiera

Junto a los superávits comerciales sostenidos, la atracción de flujos de inversión extranjera directa (IED) al país también ha sido significativa, con máximos del 12,6% (2008) y el 13% (2004) de su PIB, aunque con cifras mucho más moderadas en la actualidad (2% en 2023). A pesar de estos resultados positivos, Kazajistán ha registrado un déficit estructural en su balanza por cuenta corriente desde 1995. Esto se debe, en gran medida, a la significativa salida de ingresos primarios, fundamentalmente en forma de dividendos repatriados por las grandes corporaciones extranjeras que dominan las industrias extractivas del país, principalmente procedentes de Países Bajos y Estados Unidos. Desde el comienzo del super-ciclo de las materias primas a inicios de los años 2000, los dividendos han aumentado considerablemente, con un peso promedio del 6% del PIB entre 2003 y 2022. Esta salida de recursos no ha sido compensada por los ingresos generados por el comercio de bienes, lo que ha llevado a déficits estructurales en la balanza por cuenta corriente, incluso en los periodos de auge de los precios del petróleo.

Esta situación no solo ha afectado la estabilidad de la cuenta corriente, sino que también ha limitado la capacidad de Kazajistán para canalizar las ganancias generadas por la IED hacia la economía doméstica, esto es, la reinversión en el desarrollo de sectores productivos nacionales no extractivos. Esta situación hace que la economía de Kazajistán esté en una posición vulnerable. Por una lado, gran parte de sus pasivos están concentrados en la IED en sectores ligados al petróleo y las industrias extractivas, lo cual refuerza su hiper-especialización o falta de diversificación. Al mismo tiempo, esto implica que el crecimiento económico está condicionado por la disposición de los inversores extranjeros a mantener sus flujos de capital en el país. A largo plazo, esta subordinación financiera limita la autonomía de Kazajistán y expone su economía a riesgos significativos en caso de que estos flujos se reduzcan o se retiren debido a cambios en las condiciones económicas y/o geopolíticas.

Vulnerabilidad monetaria y economía informal

Otro de los problemas económicos de Kazajistán tiene que ver con las transacciones comerciales y monetarias. Por una lado, cabe destacar el peso que la economía informal tiene. A pesar de los esfuerzos del gobierno para reducir su escala, la economía sumergida representa casi el 30% del PIB, según datos de 2017. Los pequeños comercios, especialmente en las regiones rurales (casi el 80% del territorio, donde vive más del 37% de la población), evitan los sistemas bancarios formales al aceptar pagos en efectivo o mediante transferencias entre pares (P2P), un canal que facilita la evasión fiscal. Esto limita los ingresos fiscales del sector público y, por tanto, su capacidad de llevar a cabo las transformaciones económicas necesarias.

En el ámbito estrictamente monetario, Kazajistán ha tenido un régimen de tipo de cambio fijo hasta 2015, vinculado principalmente al dólar estadounidense. Esta política fue sostenible mientras las condiciones externas, como los altos precios del petróleo y el crecimiento sólido de los socios comerciales, permanecieron favorables. Sin embargo, cuando los precios del petróleo cayeron a partir de la crisis de 2008 y el crecimiento económico de los principales destinos de exportación se desaceleró, el tipo de cambio fijo afectó negativamente al país, limitando su capacidad de recuperar su comercio exterior.

En 2015, el país abandonó el tipo de cambio fijo y permitió que el "tenge", la moneda nacional, fluctuara libremente según las condiciones del mercado. Esto resultó en una significativa depreciación de la moneda que ayudó a absorber parte del impacto negativo de la caída de los precios del petróleo y a mejorar la competitividad externa de las exportaciones no relacionadas con los recursos naturales. Sin embargo, también provocó un aumento de los precios internos debido a dependencia de las importaciones, afectando negativamente el poder adquisitivo de los hogares. Por ejemplo, los niveles de inflación alcanzaron cifras de más del 14% en 2016, muy superiores a los años previos (6,7% en 2015). Esta situación llevó al Banco Nacional de Kazajistán a marcar como principal objetivo la reducción de la inflación hacia cifras en torno al 3-4% anual para 2020 y, para conseguirlo, a mantener tipos elevados. Al cabo de unos años las condiciones económicas comenzaron a estabilizarse, lo que permitió al Banco Nacional de Kazajistán reducir las tasas de interés a niveles más sostenibles (12% en noviembre de 2016).

En la actualidad, la inflación vuelve a ser un problema económico central, con cifras en torno al 15% en 2022 y 2023 en el indicador interanual. Según la más reciente comunicación del banco central del país (11-10-2024), los factores externos que influyen en la inflación kazaka son la mayor inflación en Rusia y el aumento de los precios mundiales de los alimentos. Mientras que, en el ámbito interno, los precios crecientes están impulsados por el continuo crecimiento de las tarifas de los servicios públicos, el mantenimiento de una demanda interna estable a través de estímulos fiscales del gobierno y las dinámicas de crecimiento positivo en el crédito al consumo, entre otros factores.

A pesar de los cambios en la política monetaria, el país mantiene una elevada dependencia de monedas extranjeras para sus transacciones internacionales, con más del 90% de las transacciones internacionales realizadas en dólares. Kazajistán queda así altamente expuesto a las fluctuaciones de las políticas monetarias externas y, más en general, a shocks internacionales.

DISEÑO DE LA POLÍTICA ECONÓMICA

El largo camino hacia la diversificación productiva

La principal política económica del país está centrada en la promoción de la diversificación productiva. Desde algunos años previos a la crisis de la COVID-19, el gobierno ha estado destinando gran cantidad de recursos en reformas diseñadas para reducir la dependencia de los recursos naturales, especialmente del petróleo y el gas, e impulsar otros sectores clave. En el ámbito sectorial, por ejemplo, se han diseñado políticas para aumentar la productividad agrícola y la producción total en más de un 30%, con actuaciones dirigidas a mejorar los sistemas de riego y, en general, modernizar la infraestructura agrícola. En la industria, el gobierno ha tratado de incentivar las exportaciones de productos metálicos, químicos, textiles y alimentos procesados, con el fin de triplicar el peso del sector hasta el 18% del PIB.

En el plano estructural, dado que Kazajistán es un país sin salida al mar, las mejoras en la infraestructura de transporte son esenciales para facilitar el comercio y la movilidad. Se han implementado proyectos como el Programa Estatal para el Desarrollo de la Infraestructura de Transporte 2020, que tuvo el objetivo de mejorar la conectividad regional y atraer inversiones privadas en infraestructuras ferroviarias y viales. También en el ámbito estructural, y auspiciado por la participación en organizaciones internacionales como el Asian Development Bank, se ha buscado disminuir la participación de las empresas estatales, que representan una gran parte de la economía. El objetivo ha sido reducir las barreras para la inversión privada y fomentar la innovación a través de una disminución de la participación estatal hasta el 15% del PIB, fundamentalmente mediante privatizaciones de empresas públicas en sectores clave y monopolios.

La Estrategia Kazajistán 2050

La falta de éxito de las políticas económicas implementadas durante las últimas dos décadas ha llevado al gobierno actual a reforzar las medidas pro-diversificación. En una intervención reciente (marzo de 2023), el presidente Kassym-Jomart Tokayev expresaba la necesidad de diversificar la estructura económica frente a "la industrialización previa que no logró desarrollar adecuadamente el sector no petrolero". Las medidas para la diversificación se unen a muchas otras medidas en una política de más amplio espectro, la llamada "Estrategia Kazajistán 2050". Presentada en 2012 y aún en vigencia, es un plan de desarrollo a largo plazo diseñado para posicionar al país entre las 30 naciones más desarrolladas del mundo para 2050. Este ambicioso plan tiene como objetivo transformar la estructura económica del país, alejándolo de la dependencia de los recursos naturales, y fomentando una economía más diversificada, competitiva y sostenible. El plan establece 10 prioridades:

1. Política económica pragmática: Enfocada en la rentabilidad, retorno de inversión y competitividad, incluye la modernización de políticas fiscales, monetarias y de gestión de deuda, así como el desarrollo de la infraestructura y la agricultura.

2. Apoyo integral al emprendimiento: Con el objetivo de fomentar las pequeñas y medianas empresas (PYMEs), la estrategia busca crear un entorno empresarial sólido con asociaciones público-privadas efectivas y un nuevo enfoque de privatización.

3. Industrialización y tecnología: Kazajistán está entrando en una nueva fase de industrialización centrada en el avance tecnológico. El objetivo es duplicar la participación de exportaciones no energéticas para 2025 y triplicarla para 2040. Este impulso hacia la innovación será liderado por dos importantes centros de Desarrollo: Nazarbayev University y el Parque de Tecnologías de la Innovación, que actuarán como motores de investigación y progreso tecnológico.

4. Agricultura: En el sector agrícola y de gestión del agua, el país buscará aumentar el rendimiento de los cultivos mediante la introducción de tecnologías avanzadas. Además, se priorizará el uso prudente de sus abundantes reservas subterráneas de agua, aplicando tecnologías de extracción más eficientes para optimizar el uso de estos recursos.

5. Energía: Aunque busca mantener su papel clave en el mercado de hidrocarburos, el país tiene como objetivo desarrollar la producción

de fuentes de energía alternativas. Para el año 2050, se espera que al menos el 50% del consumo energético total del país provenga de fuentes renovables como la energía solar y eólica.

6. Nueva política social: Asegura garantías sociales mínimas, un enfoque en la responsabilidad personal, y una mejora en los servicios de salud, educación y protección social.
7. Desarrollo del capital humano: Se otorga gran importancia a la modernización del sistema educativo y de formación profesional para mejorar las competencias y la competitividad de la fuerza laboral.
8. Fortalecimiento del Estado y la democracia: Con un enfoque en la descentralización y en la lucha contra la corrupción, busca mejorar la gobernanza y promover un estado eficiente y transparente.
9. Política exterior coherente y predecible: Se centra en la promoción de los intereses nacionales y la seguridad regional y global, además de reforzar la capacidad defensiva del país.
10. Patriotismo kazajo: Se promueve un sentido de identidad nacional basado en la igualdad de derechos para todos los ciudadanos, independientemente de su origen étnico o religión.

Transparencia y autonomía monetaria: el Tenge Digital

Con el fin de resolver las debilidades monetarias y de economía informal comentadas en el apartado anterior, el gobierno ha llevado a cabo varias medidas. Por ejemplo, a partir de 2022 se introdujo la obligatoriedad a los comercios a emitir recibos de venta incluso en transacciones electrónicas, lo que busca aumentar la transparencia y reducir la evasión fiscal.

Además de medidas de actualización y convergencia (con otros países del Norte Global), Kazajistán ha aplicado políticas muy innovadoras en el ámbito monetario. Destaca la adopción de una Moneda Digital del Banco Central (CBDC): el Tenge Digital. Esta moneda digital permite a los usuarios realizar transacciones electrónicas de forma segura y sin comisiones, utilizando tecnologías como códigos QR y NFC para pagos rápidos, lo que facilita su adopción. El proyecto tiene varios objetivos estratégicos, entre ellos mejorar la inclusión financiera, facilitando el acceso a servicios en áreas rurales y remotas, donde las infraestructuras bancarias tradicionales son limitadas. También busca reducir el uso del efectivo y promover transacciones digitales sin comisiones, integrándose con aplicaciones bancarias y plataformas tecnológicas, lo que fomenta la adopción generalizada del

Tenge Digital entre los usuarios. Además, el Tenge Digital está diseñado para cohabitar con otras formas de dinero sin desestabilizar el sistema financiero, ya que no genera intereses para evitar la competencia con los bancos comerciales. También introduce características de programabilidad, permitiendo un uso más controlado y transparente de los fondos, lo que podría automatizar procesos fiscales como la deducción de impuestos. A nivel global, el Tenge Digital tiene el potencial de mejorar los pagos transfronterizos, posicionando a Kazajistán como un actor clave en la digitalización financiera global.

EJECUCIÓN DE LA POLÍTICA ECONÓMICA Y RESULTADOS

Esta sección ofrece un resumen de los resultados de la política económica en Kazajistán, destacando los motores de crecimiento, como la producción de petróleo, los estímulos fiscales y el consumo interno, y evalúa el impacto de las políticas de diversificación y sociales en el mercado laboral y la reducción de la pobreza. Se examina, además, la evolución de indicadores clave como la inflación y la inversión extranjera, y anticipa los retos y proyecciones de crecimiento para 2024 y 2025 en un contexto marcado por riesgos geopolíticos y las aspiraciones ambientales de parte de sus socios comerciales.

En 2023, el PIB real de Kazajistán experimentó un crecimiento del 5.1%, impulsado principalmente por un aumento en la producción de petróleo, estímulos fiscales y un consumo robusto. La producción de petróleo creció un 6%, lo que contribuyó significativamente a este avance. A pesar de un estancamiento en los ingresos y una política monetaria estricta, la confianza del consumidor se mantuvo alta, reflejada en un incremento del 7% en las ventas minoristas, un 8% en la venta de automóviles y un 10% en el registro de nuevas empresas. Este entorno de dinamismo económico se vio complementado por un aumento notable en la inversión de capital, especialmente en sectores no relacionados con los recursos naturales, que representaron el 80% de las inversiones totales, lo que subraya la efectividad de las políticas de diversificación.

El mercado laboral también mostró mejoras, con una ligera reducción del desempleo al 4.7%, mientras que un aumento significativo del salario mínimo contribuyó a la disminución de las tasas de pobreza. Entre 2001 y 2018, la proporción de personas en situación de pobreza disminuyó del 75% a menos del 15%, mientras que la pobreza extrema prácticamente desapareció. En 2023, la pobreza se redujo aún más, alcanzando un 8.8%, lo que refleja el impacto positivo de las políticas sociales en marcha.

En el ámbito monetario, la inflación, que había alcanzado un pico del 21.3%, disminuyó al 9.3% en febrero de 2024, lo que permitió al banco central reducir las tasas de interés. Sin embargo, la cuenta corriente registró un aumento en su déficit debido a la caída de las exportaciones y al aumento de las importaciones, aunque la entrada de inversión extranjera directa (IED) ayudó a financiar este déficit. A medida que los grandes proyectos de inversión en el sector petrolero, apoyados por IED, se acercan a su finalización, el impulso económico ha comenzado a desacelerarse.

Por otro lado, Kazajistán ha logrado avances importantes en la reducción de la economía informal. En 2017, la economía sumergida representaba el 28.8% del PIB, pero en 2022 esta cifra disminuyó al 18.8%, gracias al mayor uso de pagos digitales y a la implementación del Tenge Digital, que alcanzó el 99.1% del PIB en transacciones. Este avance ha permitido mejorar la transparencia económica y ha fortalecido la capacidad del gobierno para controlar las transacciones y aumentar los ingresos fiscales, contribuyendo a la formalización de la economía.

De cara al futuro, las proyecciones para finales de 2024 anticipan una desaceleración del crecimiento al 3.4%, con un repunte esperado al 4.7% en 2025, impulsado por un aumento en la producción de petróleo. Esta ralentización se atribuye a las limitaciones impuestas por el acuerdo de la OPEP+ y al mantenimiento de los principales campos petroleros. No obstante, se espera que el crecimiento en el sector no petrolero y una mejor recaudación de impuestos impulsen los ingresos no energéticos en el mediano plazo.

A pesar de estos avances, Kazajistán enfrenta importantes riesgos geopolíticos. Las metas ambientales de Europa, que promueven la transición hacia energías limpias, y las repercusiones de la guerra en Ucrania, plantean desafíos importantes a la posición exportadora del país, que sigue dependiendo en gran medida de sus recursos energéticos.

Cuadro Macroeconómico *Kazajistán 2022-2024*

Indicadores	**2020**	**2021**	**2022**	**2023**	**2024**[p]
PIB (miles de millones dólares; precios corrientes, PPA)	565,76	650,47	719,84	783,77	830,61
Crecimiento PIB real (porcentaje)	-2,6	4,1	3,3	5,1	3,5
PIB per cápita (PPA en dólares corrientes)	30.164	33.893	36.595	39.332	41.370
Tasa de inflación anual	6,7	8,0	14,96	14,56	8,64
Tasa de desempleo	4,93	4,90	4,88	4,78	4,78
Saldo presupuesto público (porcentaje PIB)	-6,73	-5,05	0,07	-1,7	-2,67
Deuda pública (porcentaje PIB)	26,36	25,10	23,52	22,77	24,75
Exportaciones de bienes (miles de mil. dólares)	46,45	60,63	84,59	78,53	-
Importaciones de bienes (miles de mil. dólares)	37,22	41,17	50,93	60,66	-
Reservas internacionales (miles mil. dólares)	35,64	34,38	35,08	35,96	-
Deuda externa total (miles mil. dólares)	159,54	163,98	164,13	161,16	166,57

Fuente: Elaboración propia a partir de los datos Asian development Bank, World Bank y National Bank of Kazakhstan.

P: previsión.

Capítulo 4.
Política Económica en Turquía

PAULA SIMÓ-TOMÁS
Economía Aplicada
Universitat de València

PROBLEMAS EN LA ECONOMÍA TURCA

Durante la última década, Turquía ha experimentado una serie de desafíos económicos que han puesto en jaque tanto la estabilidad macroeconómica del país como el bienestar social de su ciudadanía. Este apartado analiza en detalle los problemas más críticos que enfrenta Turquía actualmente, tales como la inflación persistentemente alta, la depreciación de su moneda, el aumento de la deuda externa, y las crecientes desigualdades sociales. La combinación de estos factores ha generado una situación de vulnerabilidad económica, influenciada por políticas nacionales y tendencias internacionales.

Inflación persistente y volatilidad de precios

La inflación en Turquía ha alcanzado niveles sin precedentes en los últimos años, afectando a la economía en todos sus sectores y estratos sociales. En octubre de 2022, la inflación anual se disparó hasta el 85.5%, el nivel más alto en más de dos décadas, según el Instituto de Estadística de Turquía (TurkStat, 2022). Aunque en 2023 se produjo una moderación relativa, con una inflación media anual del 53,9 %, las tasas siguen situándose entre las más elevadas de las economías emergentes (Banco Mundial, 2024).

Este aumento inflacionario se ha atribuído, en parte, a las políticas monetarias heterodoxas promovidas por el presidente Erdoğan, quien ha mantenido una postura firme en contra de las tasas de interés elevadas, argumentando que son perjudiciales para el crecimiento económico. Esta postura contradice los principios fundamentales de la teoría económica convencional, que sostiene que un incremento en las tasas de interés es fundamental para contener la inflación (Gürkaynak et al., 2021).

La postura de Erdoğan ha generado controversia, dado que el Banco Central de Turquía ha reducido reiteradamente las tasas de interés en un intento por fomentar el crédito y estimular la demanda interna. Sin embargo, esta estrategia ha tenido un efecto contraproducente al debilitar la lira turca y alimentar la inflación. A su vez, la decisión del gobierno de intervenir directamente en las políticas del Banco Central ha debilitado su independencia, lo que ha suscitado críticas e inquietud en el ámbito económico global. Según informes del Fondo Monetario Internacional (FMI, 2024), estas políticas no convencionales han erosionado la confianza en la estabilidad monetaria del país y contribuido a la pérdida sostenida del poder adquisitivo de la población.

Devaluación de la lira y dependencia de moneda extranjera

La depreciación de la lira ha constituído uno de los principales desafíos para la economía turca. Desde 2021, la moneda nacional ha perdido más de la mitad de su valor frente al dólar estadounidense, afectando tanto a la economía doméstica como a las finanzas del país. Este fenómeno es consecuencia de múltiples factores, entre ellos la política monetaria interna, así como el endurecimiento de las condiciones financieras internacionales, con el incremento de las tasas de interés en Estados Unidos y Europa. Este fenómeno ha reducido la competitividad de los mercados emergentes como Turquía, desencadenando una salida de capitales y un descenso en la inversión extranjera (World Bank, 2022).

La depreciación de la lira ha intensificado la dependencia del país de las divisas extranjeras, especialmente para la financiación de su deuda externa y para la importación de bienes esenciales. Como país importador neto de energía y materias primas, la caída en el valor de la lira ha encarecido los bienes importados, alimentando la inflación y contribuyendo a la volatilidad económica. Esta situación se agrava debido a que aproximadamente el 60% de la deuda total del sector privado está denominada en moneda extranjera, lo cual expone a las empresas y al propio gobierno a los riesgos de fluctuación cambiaria, aumentando los costes financieros y dificultando la estabilidad macroeconómica (IMF, 2023).

Aumento de la deuda externa y desequilibrio fiscal

Otro problema crítico para la economía turca ha sido el incremento de la deuda externa, la cual ha alcanzado niveles significativos en los últimos años, situándose en torno al 45,1% del PIB en 2023. Esta situación se ha visto agravada por la necesidad de financiación externa para mantener el crecimiento económico, dado que Turquía ha dependido históricamente de capital extranjero para proyectos de infraestructura y cubrir parte del gasto público (World Bank, 2023). Esta elevada exposición al endeudamiento en divisas extranjeras hace que Turquía sea vulnerable a las fluctuaciones cambiarias y a las condiciones del mercado financiero internacional, que han mostrado una creciente aversión al riesgo hacia los países emergentes en medio de las condiciones financieras actuales.

En paralelo, el déficit fiscal se ha expandido considerablemente en los últimos años, con un impacto directo en las finanzas del estado. En 2023, el déficit fiscal alcanzó el 5.2% del PIB, según el Banco Central de Turquía. Este incremento se debe en parte a las políticas de subsidios y estímulos que el gobierno ha implementado para mitigar el impacto de la inflación y la devaluación de la moneda. La necesidad de sostener un gasto social alto ha resultado en una expansión del déficit, restringiendo la capacidad del gobierno para realizar políticas contracíclicas y aumentar la inversión pública sin afectar la estabilidad fiscal (Central Bank of Turkey, 2023).

Crecientes desigualdades sociales y distribución de ingresos

La crisis económica en Turquía ha impactado de manera desigual a su ciudadanía, profundizando las brechas de desigualdad y afectando de forma más severa a los grupos vulnerables. La inflación persistente y la devaluación de la moneda han elevado significativamente el coste de vida, afectando especialmente a los hogares de bajos ingresos, que destinan gran parte de sus ingresos a bienes de primera necesidad. Este escenario ha incrementado la pobreza y la inseguridad alimentaria en diversas regiones del país, tanto urbanas como rurales (Baez et.al., 2021).

Las desigualdades en la distribución de la renta se han acentuado de forma considerable en los últimos años, como refleja el coeficiente de Gini, que alcanzó 0.43 en 2023, uno de los niveles más altos en la última década, según la OCDE (2023). Este deterioro en la equidad es tanto consecuencia como causa de los desequilibrios económicos del país, ya que el acceso limitado a oportunidades de empleo de calidad, educación y protección social para amplios sectores de la población perpetúa un ciclo de exclusión social y pobreza, limitando las posibilidades de mejora de la calidad de vida y de movilidad económica.

DISEÑO DE LA POLÍTICA ECONÓMICA DE TURQUÍA

La economía turca se ha desarrollado en un contexto caracterizado tanto por oportunidades como por desafíos específicos de su posición geopolítica, y sus políticas económicas han reflejado una estrategia de crecimiento y estabilización adaptada a estos factores. Así, desde 2015, Turquía ha intensificado sus esfuerzos por diseñar una política económica enfocada en el crecimiento sostenido, la estabilidad de precios, la reducción de desequilibrios externos y el impulso al empleo. En los últimos años, estos objetivos han sido especialmente prioritarios en un entorno de volatilidad económica y cambios en el liderazgo político. El enfoque de la administración actual, promovido por el presidente Erdoğan, ha sido impulsar un crecimiento inclusivo que beneficie a todos los sectores de la población, bajo lo que se ha denominado el "modelo económico turco" (Presidency of the Republic of Turkey, 2021). Este modelo prioriza un tipo de cambio competitivo que incentive las exportaciones y reduzca la dependencia de las importaciones, fortaleciendo así la balanza de pagos frente a los shocks externos. No obstante, este enfoque ha sido objeto de críticas debido a sus efectos colaterales, como el aumento de la inflación y la volatilidad cambiaria, que han afectado tanto a la competitividad empresarial como al bienestar de los hogares (Central Bank of Turkey, 2023).

Uno de los principales instrumentos de esta política ha sido la política monetaria, cuyo control ha sufrido notables cambios en los últimos años. El Banco Central de Turquía ha sido objeto de una intervención constante, y la tradicional independencia de este organismo se ha visto comprometida por la presión del ejecutivo, que ha promovido una política de bajas tasas de interés con el objetivo de impulsar el crédito y el consumo. En la perspectiva de Erdoğan, los altos intereses son un obstáculo para el crecimiento, por lo que ha promovido un enfoque de reducción de tasas, argumentando que los intereses elevados frenan la actividad económica y limitan el poder adquisitivo de los ciudadanos (Erdoğan, 2022). Esta postura ha contribuido a que la inflación interanual alcanzara el 85,5 % en octubre de 2022, el nivel más alto en más de dos décadas, mientras que la inflación media anual cerró el año en el 72,3 %, lo que ha debilitado la lira turca y ha generado un ambiente de incertidumbre tanto en el mercado local como en el internacional (Central Bank of Turkey, 2022; IMF, 2022).

La política fiscal ha sido otro pilar clave de la estrategia económica de Turquía, orientada a fomentar el crecimiento a través de un gasto público expansivo en infraestructura, salud y educación. El gobierno ha promovido ambiciosos proyectos de infraestructura, como aeropuertos, autopistas y hospitales, con la intención de mejorar la conectividad y los servicios básicos para la ciudadanía. Sin embargo, esta expansión del gasto ha incrementado el déficit fiscal y la deuda pública, lo que ha generado inquietudes sobre la sostenibilidad de estas políticas en el medio plazo. En 2022, el ministro de

Finanzas, Nureddin Nebati, anunció una serie de estímulos fiscales específicamente dirigidos a sectores estratégicos como el turismo y la manufactura, en un esfuerzo por estabilizar la economía y dinamizar sectores claves para el empleo y la generación de divisas (Reuters, 2022). Asimismo, el gobierno ha impulsado exenciones fiscales en las exportaciones, con el fin de mejorar la competitividad internacional de los productos turcos. No obstante, estas medidas, aunque han apoyado el crecimiento económico, también han generado un déficit persistente que limita la capacidad del estado para implementar políticas contracícilicas y atender demandas de gasto social en un contexto de alta inflación y presión cambiaria.

En cuanto a la política comercial, Turquía ha desarrollado un modelo de apertura hacia mercados estratégicos mediante la firma de acuerdos bilaterales y multilaterales, entre los que destaca su pertenencia a la Unión Aduanera con la Unión Europea. Este acuerdo ha facilitado la integración en el mercado europeo y ha abierto oportunidades para el comercio turco, especialmente en sectores como el textil y la automoción. Además, el país ha ampliado sus lazos comerciales con países de Oriente Medio y Asia Central, aprovechando su posición estratégica para diversificar sus socios comerciales y mitigar su dependencia de los mercados tradicionales (OECD, 2023). Sin embargo, la estructura productiva turca sigue siendo altamente dependiente de las importaciones, en particular en el sector energético, donde el país importa la mayor parte de su consumo de gas natural y petróleo. Esta dependencia de insumos importados es una carga para la balanza de pagos, especialmente en un contexto de devaluación de la lira, que encarece las importaciones y aumenta la presión sobre el déficit en cuenta corriente (World Bank, 2023).

Para reducir la dependencia de las exportaciones de bajo valor añadido y modernizar la economía, Turquía ha impulsado políticas de innovación y tecnología. A través del TÜBİTAK (Consejo de Investigación Científica y Tecnológica de Turquía) y otras agencias gubernamentales, se han otorgado incentivos fiscales y financieros a empresas emergentes en sectores de alta tecnología y manufactura avanzada. Estas políticas tienen como objetivo diversificar la base productiva del país y promover una economía orientada a la innovación y al valor añadido. A su vez, se han implementado programas de capacitación en habilidades digitales, buscando mejorar la competencia de la fuerza laboral en sectores clave de la economía moderna (TÜBİTAK, 2022). A pesar de estos esfuerzos, la infraestructura tecnológica aún presenta limitaciones, y la economía sigue dependiendo de sectores tradicionales como la construcción y el turismo, que no ofrecen el mismo nivel de estabilidad y desarrollo sostenible que los sectores de alta tecnología.

A lo largo de los últimos años, la política económica de Turquía ha transitado de un modelo de mercado abierto hacia un enfoque más centralizado e intervencionista, impulsado por la administración de Erdoğan. Mientras que en la década de 1980, las reformas se centraron en liberalizar el mercado y fomentar las inversiones extranjeras, en un intento por integrar la economía turca al sistema global (World Bank, 2022), en la última década, el gobierno ha adoptado una postura de mayor intervención en el mercado y en el Banco Central, limitando la autonomía de esta institución en pro de políticas de estímulo a corto plazo. En 2018, en respuesta a una fuerte depreciación de la lira y al aumento de la inflación, Erdoğan reemplazó a varios gobernadores del Banco Central, generando preocupación sobre la independencia del banco y la coherencia de la política monetaria (Reuters, 2022).

La crisis global provocada por la pandemia de COVID-19 acentuó los desequilibrios fiscales y cambiarios, aumentando tanto la deuda como el déficit fiscal y presionando aún más a la lira. Aunque el gobierno implementó medidas de estímulo fiscal y programas de apoyo a las exportaciones para mitigar los efectos de la crisis, la situación se complicó con un déficit por cuenta corriente que alcanzó el 5% del PIB en 2021.

En conjunto, la dinámica económica de Turquía ha sido moldeada por la interacción entre la intervención estatal, el dinamismo del sector privado, la presión inflacionaria y la dependencia externa. En cuanto al sector público, el gobierno ha adoptado un rol protagónico en el diseño y la ejecución de políticas expansivas, lo cual ha generado tanto beneficios en términos de crecimiento como desafíos en cuanto a la sostenibilidad. La intervención en el Banco Central ha suscitado preocupaciones en torno a la autonomía de esta institución y a la efectividad de sus políticas en un entorno de alta inflación. Por otro lado, el sector privado ha sido un motor crucial para el crecimiento y la creación de empleo, especialmente en sectores como el turismo, la construcción y la manufactura. No obstante, la alta inflación y la volatilidad de la lira plantean riesgos para la competitividad de las empresas y la sostenibilidad de sus inversiones (OECD, 2023).

Finalmente, organismos internacionales como el FMI y el Banco Mundial han recomendado ajustes en la política económica de Turquía, destacando la necesidad de una mayor independencia del Banco Central y una gestión más prudente del déficit fiscal. En su último informe, el FMI subrayó que la economía turca requiere un enfoque de largo plazo para abordar la inflación y mejorar la confianza en el mercado (IMF, 2023).

Turquía, por tanto, ha logrado ciertos avances en su política económica, como un aumento en las exportaciones y una recuperación parcial del turismo tras la pandemia. Sin embargo, los desafíos estructurales persisten, y la economía sigue afectada por la inflación, la dependencia de sectores vulnerables y la volatilidad del tipo de cambio. A largo plazo, Turquía podría beneficiarse de un enfoque de diversificación que refuerce sectores de alto valor añadido y reduzca su dependencia de importaciones, así como de una política monetaria más autónoma que permita una gestión eficaz de la inflación y la estabilidad económica.

EJECUCIÓN DE LA POLÍTICA ECONÓMICA Y RESULTADOS

La ejecución de la política económica en Turquía, especialmente desde 2015, refleja una combinación de intervenciones monetarias, fiscales y estructurales en un intento por impulsar el crecimiento y controlar los efectos adversos de un entorno económico desafiante. Con un modelo que prioriza el crecimiento impulsado por el crédito, el gasto público en infraestructuras y una política de exportaciones, el gobierno de Recep Tayyip Erdoğan ha adoptado medidas con efectos inmediatos en el crecimiento del PIB, pero que han suscitado críticas debido a la inflación persistente, la devaluación de la lira y el aumento de la deuda externa. La evaluación de los resultados de estas políticas muestra cómo han impactado el mercado laboral, la distribución del ingreso, el comercio exterior y la sostenibilidad fiscal.

Desde una perspectiva monetaria, la política de tasas de interés bajas, aplicada en un entorno de alta inflación, representa uno de los aspectos más debatidos de la estrategia económica turca. Este enfoque se ha impulsado bajo la influencia del presidente Erdoğan, quien sostiene que las tasas de interés bajas son necesarias para fomentar el consumo interno y la inversión. El Banco Central de Turquía, que tradicionalmente se regía por el objetivo de controlar la inflación a través de tasas de interés adecuadas, ha sido objeto de intervención directa, ya que el ejecutivo ha presionado para reducir las tasas, incluso en períodos de aumento acelerado de precios. Desde 2019, en varias ocasiones, los gobernadores del Banco Central han sido destituidos por desacuerdos sobre la política de tasas de interés, lo que ha generado una percepción de riesgo sobre la autonomía de la institución y, por ende, sobre la estabilidad económica de Turquía (Gürkaynak et al., 2021).

Este modelo de bajas tasas de interés, que desafía el consenso económico convencional sobre el control de la inflación, ha contribuido a que los precios crezcan rápidamente. Además, la inflación ha tenido efectos regresivos sobre el poder adquisitivo, erosionando los salarios reales y afectando principalmente a los hogares de bajos ingresos, que destinan una mayor proporción de su gasto a bienes básicos.

La política fiscal ha mantenido una orientación expansiva, financiando grandes proyectos de infraestructura y programas sociales, especialmente tras la pandemia. Aunque estas medidas han apoyado el crecimiento y el empleo, también han elevado el déficit fiscal, que alcanzó el 5,2 % del PIB en 2023, y la deuda pública, generando inquietud sobre su sostenibilidad en un entorno global de tipos de interés elevados.

La política de expansión fiscal ha sido especialmente relevante durante y después de la pandemia de COVID-19, cuando el gobierno implementó paquetes de estímulo destinados a mitigar los efectos de la crisis sanitaria y económica. Estas medidas incluyeron subsidios a pequeñas y medianas empresas, transferencias directas a hogares de bajos ingresos y apoyo financiero al sistema de salud, lo cual permitió amortiguar los efectos iniciales de la crisis. Sin embargo, el déficit fiscal de Turquía alcanzó un 5.2% del PIB en 2022, lo que añade presión sobre las finanzas públicas y limita la capacidad del gobierno para aplicar políticas de estímulo adicionales en caso de nuevas crisis o recesiones globales (Central Bank of Turkey, 2023). La falta de una consolidación fiscal ha generado una alta exposición a los mercados de deuda externa, lo que incrementa la vulnerabilidad de Turquía ante cambios en las condiciones financieras globales, como el aumento de las tasas de interés en Estados Unidos y Europa.

El impacto de estas políticas en el tipo de cambio ha sido uno de los efectos más visibles de la política económica en Turquía. Desde 2015, la lira ha experimentado una depreciación constante frente a las principales monedas internacionales, alcanzando mínimos históricos entre 2021 y 2023. Esta depreciación de la lira ha tenido implicaciones significativas tanto para la balanza comercial como para la estructura de costes de las empresas turcas. La depreciación ha mejorado la competitividad de las exportaciones turcas, permitiendo a sectores como el textil, el turismo y la industria agrícola aumentar sus volúmenes de exportación. En 2022, las exportaciones de Turquía alcanzaron los 250 mil millones de dólares, una cifra récord impulsada en parte por la ventaja competitiva derivada de la moneda depreciada (IMF, 2023). No obstante, el beneficio de un tipo de cambio favorable para las exportaciones ha venido acompañado de importantes desventajas en el mercado interno, ya que la depreciación ha encarecido las importaciones de productos estratégicos, especialmente en sectores como el energético, donde Turquía depende en gran medida de la importación de gas natural y petróleo.

La dependencia de importaciones de energía y otros insumos básicos, junto con la depreciación de la lira, ha incrementado los costes de producción en sectores clave y ha contribuido a la inflación. Turquía, como importador neto de energía, ha experimentado aumentos significativos en los precios internos de estos productos, lo cual afecta no solo al consumidor final, sino también a las empresas, que ven sus márgenes de beneficio reducidos y sus costes operativos incrementados. La balanza de cuenta corriente, que históricamente ha registrado déficits, se ha visto deteriorada aún más por estos factores, y la presión sobre la balanza de pagos ha crecido debido a la alta dependencia del financiamiento externo y a la exposición a variaciones en el tipo de cambio. Esto representa una vulnerabilidad importante en un contexto de alta volatilidad monetaria y de inflación elevada (World Bank, 2022).

La evolución del crecimiento económico bajo estas políticas muestra una tendencia positiva, aunque marcada por fluctuaciones y una dependencia en sectores específicos. Turquía ha logrado mantener un crecimiento positivo del PIB en la mayoría de los años desde 2015, impulsado principalmente por la construcción, el turismo y la manufactura. El sector de la construcción, favorecido por la inversión pública y la expansión del crédito, ha sido uno de los pilares de crecimiento; sin embargo, esta dependencia en la construcción y otros sectores cíclicos ha hecho que el crecimiento sea menos resistente a choques externos, como la pandemia y la crisis inflacionaria. En 2021, tras la recuperación pospandemia, el PIB turco creció un 11.44%, pero en 2022 esta tendencia se desaceleró debido a las presiones inflacionarias y a la incertidumbre sobre la estabilidad económica (World Bank, 2023).

En cuanto al mercado laboral, el impacto de la política económica ha sido diverso. Aunque la expansión del crédito y las inversiones en infraestructura han creado oportunidades de empleo, especialmente en el sector de la construcción, la alta inflación ha reducido los salarios reales, afectando el poder adquisitivo de los trabajadores. En 2023, la tasa de desempleo rondaba el 10%, mientras que la tasa de subempleo reflejaba una dificultad estructural en la creación de empleos de calidad. La creciente desigualdad y la falta de un sistema de protección social amplio han exacerbado las tensiones sociales, ya que los salarios en sectores menos beneficiados por el crecimiento, como la agricultura y el comercio minorista, han perdido valor frente al aumento de los precios (OCDE, 2023).

La política económica ha tenido asimismo un impacto significativo en la distribución del ingreso y en la desigualdad. La inflación ha afectado de manera desproporcionada a los hogares de bajos ingresos, que destinan la mayor parte de sus recursos a bienes de consumo básico, como alimentos y energía, que han sido los sectores con mayor aumento de precios. Las políticas de asistencia social y subsidios han sido limitadas y no han logrado mitigar los efectos de la inflación sobre los sectores más vulnerables, lo cual ha aumentado la pobreza y la inseguridad alimentaria, especialmente en áreas rurales y en zonas urbanas desfavorecidas (OCDE, 2023).

A nivel internacional, la política económica de Turquía ha generado escepticismo entre los inversores, quienes consideran que la falta de independencia del Banco Central y las políticas de tasas bajas en un contexto de alta inflación representan un riesgo significativo. Las recomendaciones de organismos como el FMI y el Banco Mundial, que han instado a Turquía a reforzar la autonomía de su Banco Central y a adoptar políticas fiscales más conservadoras, no han sido implementadas plenamente. En su último informe, el FMI señaló que Turquía necesita una política económica coherente y orientada al largo plazo para abordar la inflación y recuperar la confianza del mercado, aspectos cruciales para reducir la volatilidad monetaria y mejorar la sostenibilidad económica (IMF, 2023).

La ejecución de la política económica en Turquía desde 2015 ha tenido, por tanto, efectos mixtos. Si bien las políticas fiscales y monetarias expansivas han impulsado sectores como el de la construcción y las exportaciones, el coste de estas políticas ha sido alto en términos de inflación, devaluación de la moneda y aumento de la deuda externa. La falta de un sistema de protección social adecuado y la creciente desigualdad también plantean desafíos para la cohesión social y la estabilidad política. Turquía se enfrenta al reto de equilibrar el crecimiento económico con la estabilidad de precios y la equidad social, un objetivo que requerirá una revisión profunda de sus políticas económicas y una mayor independencia de sus instituciones financieras para lograr un desarrollo sostenible y una economía más resiliente.

Cuadro Macroeconómico de TURQUÍA 2019-2023

Indicadores	2019	2020	2021	2022	2023
PIB (miles de millones de dólares)	760,52	720,16	818,34	905,84	1.108,45
Crecimiento PIB real (porcentaje)	0,82	1,86	11,44	5,53	4,52
PIB per cápita (PPA en dólares)	9.145,82	8.612,9	9.663,88	10.621,97	12.849
Inflación (porcentaje)	15,18	12,28	19,60	64,30	53,86
Tasa de desempleo	13,73	13,15	11,97	10,43	9,41
Saldo presupuesto público (porcentaje PIB)	-4,78	-4,72	-3,05	-1,12	-5,3
Deuda pública (porcentaje PIB)	30,7	39,7	42,3	34,0	28,88
Exportaciones (porcentaje del PIB)	29,11	30,14	30,49	33,39	31,92
Importaciones (porcentaje del PIB)	30,60	29,99	31,40	42,60	34,69
Reservas internacionales (miles de millones de dólares)	105,5	93,3	111,2	123,8	144,0
Deuda externa total (porcentaje del PIB)	40,7	42,4	44,3	55,1	45,1

Fuente: Elaboración propia a partir de los datos del Banco Mundial y TurkStat

Capítulo 5.

Política Económica en Colombia

GUILLERMO MAYA MUÑOZ
Facultad de Ciencias Humanas y Económicas
Universidad Nacional
Medellín, Colombia
IVÁN DE JESÚS MONTOYA GÓMEZ
Facultad de Economía
Universidad Pontificia Bolivariana
Medellín, Colombia
LUZ DARY RAMÍREZ FRANCO
Facultad de Economía
Unviersidad de Valencia

LOS PROBLEMAS DE LA ECONOMÍA DE COLOMBIA

Este apartado analiza las limitaciones estructurales de la política macroeconómica en Colombia, resultado de su apertura económica en los años noventa, la subordinación monetaria frente al dólar y el diseño institucional que otorga independencia al Banco de la República. Estos elementos han restringido el margen de acción del Estado colombiano para priorizar objetivos como el empleo o la redistribución del ingreso, privilegiando en cambio la estabilidad de precios como mandato central.

La liberalización de la economía colombiana en la década de 1990 no solo implicó la apertura del comercio de bienes, servicios y capitales, sino que también redefinió el papel del Estado en la economía. Un ejemplo destacado fue la reforma del Banco de la República (BR), establecida en la Constitución de 1991, que le otorgó independencia frente al Gobierno en materias monetaria, cambiaria y crediticia. Aunque el BR está obligado a coordinar la política macroeconómica con el Ejecutivo, esta coordinación solo procede si el gobierno comparte el objetivo de control de la inflación. En caso contrario, la prioridad del BR es la estabilidad de precios, incluso por encima de objetivos como el empleo, el crecimiento económico o la redistribución del ingreso.

En el marco de la política macroeconómica moderna, la inflación se ha consolidado como la variable central. Su control mediante políticas de austeridad monetaria exige, paralelamente, disciplina fiscal y equilibrio presupuestario, con el fin de alcanzar metas inflacionarias anuales cada vez más reducidas. Estas deben acercarse a una tasa compatible con un nivel de desempleo que no acelere los precios y que, al mismo tiempo, mantenga los salarios contenidos.

En este contexto, la austeridad laboral se constituye en una política estructural. Clara Mattei (2022), en su obra *El orden del capital*, la denomina austeridad industrial, la cual incluye incrementos salariales moderados, mayor flexibilidad laboral y una capacidad de negociación sindical reducida. Esta estrategia busca disciplinar a los trabajadores mediante el fomento del trabajo arduo y un estilo de vida austero con salarios bajos, como ya lo planteaba Kalecki (1943).

La lucha contra la inflación se justifica como un medio para sentar las bases del crecimiento económico y proteger a los sectores más vulnerables frente a lo que se considera el "peor de los impuestos". No obstante, "el desempleo es un problema más apremiante que la inflación para la gente relativamente pobre" (Jayadev, 2006). En realidad, quienes más se ven afectados por la inflación son los propietarios de activos financieros, incluidos los tenedores de deuda pública y privada, como los bancos. Por ello, en la lucha antiinflacionaria, "los ricos encontraron conveniente encubrir sus intereses con el ropaje de los pobres" (Blinder, 1987, p. 54), según el entonces vicepresidente de la Reserva Federal de los Estados Unidos (1994–1996).

El principal agente de implementación de esta política en Colombia es el banco central independiente, cuyos integrantes frecuentemente transitan entre cargos en el sector financiero, fenómeno conocido como "puerta giratoria". En el caso colombiano, Kalmanovitz (1997) señala que "el BR tiene su base en los medios financieros locales e internacionales, que son los prestamistas del sector público y del sector privado, y la independencia se considera allí necesaria para mantener el equilibrio macroeconómico y, por lo tanto, para garantizar la solvencia del país y de sus agentes". Esto plantea una cuestión crucial: ¿independientes de quién?

El diseño institucional del BR protege la política monetaria frente a gobiernos que privilegian el empleo sobre el objetivo inflacionario, como ha sido el caso del actual gobierno de Gustavo Petro (2022–2026), quien, tanto antes como después de asumir el cargo, ha solicitado al BR que utilice su capacidad emisora para financiar al Estado. La respuesta, en todos los casos, ha sido negativa.

La restricción externa constituye otro límite estructural a la política económica colombiana. Según Caldentey y Vernengo (2020), esta se manifiesta en "la necesidad de obtener moneda extranjera, particularmente la moneda de reserva internacional clave, asociada a las necesidades de importar bienes intermedios y de capital extranjeros, y la deuda de servicios en moneda extranjera" (p. 92). En consecuencia, "la balanza de pagos es la principal limitación del espacio de políticas de los países en desarrollo", más aún que el régimen cambiario. Además, "no es un tema de si es deseable o no eliminar el déficit de cuenta corriente, es una cuestión de necesidad de hacerlo, la mayoría de las veces. Es una restricción vinculante" (p. 96).

En efecto, existe una jerarquía internacional de monedas (Vergnhanini & De Conti, 2017). Los países con monedas subordinadas —es decir, que no son aceptadas como medio de pago ni reserva internacional, como el dólar— enfrentan restricciones macroeconómicas adicionales. Este es el caso de Colombia, cuya cuenta corriente estructuralmente deficitaria —resultado de importar más de lo que exporta— debe financiarse mediante deuda externa, tanto pública como privada, e inversión extranjera, ya sea directa o de portafolio. Estos compromisos requieren pagos en dólares, y la inversión extranjera exige la repatriación de utilidades en esa misma moneda.

Por tanto, si un gobierno con una moneda subordinada desafía el mandato del banco central independiente, puede ser disciplinado por organismos multilaterales de crédito y agencias calificadoras de riesgo (ACR), que amenazan con reducir la calificación de la deuda soberana e incrementar el riesgo país, encareciendo así el acceso al financiamiento externo. En este sentido, "los gobiernos de países periféricos se ven efectivamente limitados en su espacio de política por la presión de las ACR" (De Conti, Prates & Plihon, 2022, p. 19).

Según Vergnhanini et al. (2017), "la autonomía macroeconómica está más restringida en los países periféricos que en los que emiten monedas centrales" (p. 27). De ahí que "los países del Tercer Mundo sean obligados a subordinarse a los programas de austeridad que el propio EE. UU. rehúsa adoptar en su propia economía endeudada" (Hudson, 2018, p. 431); mientras tanto, "los banqueros centrales entrenados en las doctrinas del 'monetarismo para exportación' de la Escuela de Chicago, es lo único que requieren [los EE. UU.] para representar sus intereses" (p. 432).

EL DISEÑO DE LA POLÍTICA ECONÓMICA

Este apartado analiza la evolución y orientación del diseño de la política económica en Colombia durante y después de la pandemia, como respuesta institucional a los desafíos macroeconómicos estructurales previamente expuestos: la subordinación monetaria, la dependencia de la inversión extranjera, el control inflacionario como prioridad absoluta y las restricciones externas e internas al accionar estatal. Se examinan las decisiones de política fiscal, monetaria y cambiaria adoptadas en el contexto de crisis y recuperación, así como sus implicaciones distributivas, de crecimiento y sostenibilidad.

En Colombia, la pandemia de la COVID-19 provocó una contracción sin precedentes en la actividad económica, con una caída del PIB de -7,2%, un aumento del desempleo al 16,7% (frente al 10,9% en 2019) y un incremento de la informalidad, en línea con la recesión global. El año 2020 fue, en términos de pérdida de producto, el peor de la historia económica moderna del país. El shock de oferta, además, generó una disminución de la demanda tanto de inversión como de consumo. Como resultado, la inflación cayó al 1,6%, la más baja registrada en Colombia, y significativamente inferior a la meta de 3% establecida por el Banco de la República (BR) para ese año.

La recuperación económica fue notable en 2021, impulsada en parte por un incremento del gasto público financiado con deuda de corto plazo con vencimientos entre 2024 y 2025. La deuda pasó del 48% al 61% del PIB, lo que implicó un gasto de aproximadamente 200 billones de pesos, en el marco de diez reformas tributarias, según el Ministro de Hacienda (Bonilla, 2024). Como consecuencia del estímulo fiscal y la recuperación de la demanda, el PIB creció un 10,8%, el desempleo bajó al 13,8% y la inflación aumentó al 5,62%. En 2022, el PIB se moderó al 7,3%, el desempleo cayó al 10,2% y la inflación alcanzó un 13,12%, llegando en marzo de 2023 a un pico de 13,34%.

A nivel global, se han identificado tres factores determinantes del proceso inflacionario reciente. En primer lugar, la interrupción de las cadenas globales de producción y suministro, que generó escasez de bienes esenciales. En segundo lugar, la guerra entre Rusia y Ucrania impactó fuertemente los precios de los cereales y los fertilizantes nitrogenados, "desencadenando un shock en los términos de intercambio" (Ari et al., 2023, p. 59). En tercer lugar, la denominada "inflación de vendedores", en la cual, en mercados altamente concentrados, las empresas ejercen poder de mercado para imponer aumentos de precios (Weber et al., 2023).

En el ámbito interno, el repunte del crecimiento y de la inflación desencadenó una respuesta de política monetaria contractiva por parte del BR, mediante el incremento sostenido de su tasa de interés de intervención desde 2021. Esta tasa, que en diciembre de 2021 se situaba en 2,5%, se elevó al 11% en un año, es decir, un aumento de 850 puntos básicos. Durante los primeros meses del gobierno de Gustavo Petro (desde agosto de 2022), se intensificaron los aumentos: 7,5% en julio, 9% en agosto, 10% en octubre, 11% en diciembre y 12% al cierre de 2022. En 2023, la tasa alcanzó el 13,25% en mayo, y cerró el año en 13%. A partir de entonces, comenzaron reducciones graduales, alcanzando un 10,25% en octubre de 2024.

Cabe destacar que entre 2020 y 2022, la tasa de interés real de intervención se mantuvo en niveles cercanos a cero e incluso negativos, hasta cerrar esa brecha a inicios de 2023. Desde entonces, las tasas reales han sido consistentemente positivas, lo cual ha restringido el crecimiento económico al afectar la inversión y el consumo de bienes durables, al tiempo que ha favorecido a los sectores rentistas.

En este sentido, Kalmanovitz (2024) califica el accionar de la Junta Directiva del BR como "paquidérmico", al señalar que sus decisiones han generado una política procíclica, con tasas que superan ampliamente la inflación corriente, contrariando la lógica convencional según la cual la política monetaria debe relajarse en contextos de debilidad económica.

El propio gerente del BR justificó la política de elevadas tasas de interés como una medida para "frenar el crecimiento de la demanda (...) le tocó hacerlo de manera muy dramática, entre finales del año 2021 y el primer semestre de 2023, (...) que nos podía llevar a situaciones que estaban aumentando la inflación, generaban inestabilidad, y que además podían conducir a desequilibrios muy complicados y eventuales crisis" (Semana, 2024, 12 de septiembre). El mensaje a los mercados ha sido claro: el BR está dispuesto a reducir la inflación a cualquier costo. Mientras tanto, el gobierno, pese a contar con legitimidad democrática, se ve condicionado por las decisiones de un banco blindado constitucionalmente. En esta dinámica, prevalece la política monetaria sobre el programa económico del Ejecutivo.

No obstante, la Constitución Política de Colombia (1991, art. 16, parágrafo e) prohíbe inducir tasas reales negativas. El BR, al mantenerlas entre 2020 y 2022, habría transgredido este mandato en un momento en que la economía requería estímulos para salir de la recesión, tal como lo argumentan Tobin (1994) y Vickrey (1997). Esto plantea la interrogante sobre si el BR actúa como una entidad técnicamente neutral o si juega un papel político.

La política de austeridad monetaria logró reducir la inflación del 13,12% en 2022 al 9,28% en 2023 y a una proyección del 5,75% para 2024. Sin embargo, este éxito tuvo como contrapartida una fuerte desaceleración del crecimiento: el PIB en 2023 aumentó apenas un 0,6%, con proyecciones del 1,8% para 2024 y del 2,7% para 2025. La OCDE (2024, p. 23) señala que "el crecimiento se moderó drásticamente al 0,6% en 2023 debido a políticas macroeconómicas restrictivas, la ralentización del crecimiento global y mayores costos de endeudamiento a nivel global". A esto se suma el efecto de las tasas de interés sobre el servicio de la deuda, tanto pública como privada.

En el plano fiscal, si bien la Constitución de 1991 trajo consigo estabilidad monetaria, el costo en términos fiscales fue elevado. Colombia solo ha registrado superávits fiscales en tres años desde 1991: 0,35% (1991), 0,04% (2008) y 0,15% (2012) del PIB. Con la pandemia, los déficits se profundizaron: -2,5% (2019), -7,8% (2020), -7,0% (2021), -5,3% (2022), -4,23% (2023), con proyecciones de -5,6% (2024) y -5,1% (2025).

Ante esta situación, se implementó una regla fiscal en 2011 (Ley 1473), modificada posteriormente por la Ley 2155 de 2021, que establece un límite de deuda del 71% del PIB y un ancla de 55%, con el objetivo de "asegurar la sostenibilidad de las finanzas públicas" y generar "mayor credibilidad y confianza por parte de los mercados financieros" (Minhacienda, 2022, p. 53).

La regla fiscal busca alcanzar superávits primarios para garantizar el servicio de la deuda. Aunque se suspendió temporalmente en 2020 y 2021, se reactivó en 2022, y en 2023 el gobierno cumplió con ella por segundo año consecutivo. De hecho, el déficit fiscal se redujo en 4 puntos porcentuales entre 2022 y 2023, cerrando en 2,5%, mientras que la deuda neta del gobierno central se situó en 52,8% del PIB, por debajo del ancla establecida (Betancur, 2024, p. 3). El Director de Crédito Público ha resaltado que, en apenas dos años, el gobierno redujo la deuda pública neta al 55%, reafirmando su "inquebrantable compromiso con la sostenibilidad fiscal".

La deuda bruta del sector público también se redujo: del 65,7% del PIB al 60,1% (2022), 52,5% (2023), con proyecciones de 54,4% (2024) y 55,6% (2025). No obstante, esta consolidación se logró mediante un elevado endeudamiento en 2021.

El gobierno actual también ha impulsado la corrección del déficit del Fondo de Estabilización de Precios de los Combustibles, mediante aumentos en los precios de la gasolina, congelados desde 2020. Estos subsidios generaron un déficit acumulado de $11 billones en 2021, $37 billones en 2022 y $20 billones en 2023 (Bonilla, 2024, 23 de septiembre). Este ajuste se percibe como una medida de austeridad que favorece a los acreedores financieros.

En cuanto a la cuenta corriente (CC), según el FMI (2024), entre 1980 y 1999 Colombia tuvo solo seis años con superávits, y entre 2000 y 2024, únicamente uno (2000). La apertura comercial y financiera ha incrementado la dependencia del país respecto a la inversión extranjera directa (IED) y al endeudamiento externo. "Como reflejo de la importante IED en Colombia, las transferencias de utilidades al exterior siguieron siendo un factor importante del déficit" (FMI, 2024, p. 44), dado que la CC "sigue financiándose principalmente con entradas de capital en forma de IED" (p. 45).

La apreciación cambiaria inducida por el auge minero-energético entre 1995 y 2015 (Clavijo, 2024, p. 29) facilitó la repatriación de utilidades por parte de multinacionales —cerca de 9.000 millones de dólares entre 2015 y 2020, enviados a paraísos fiscales, según Oxfam (2024)— así como la fuga de capitales. Esta organización estima que el 36% de la IED acumulada por colombianos en el exterior hasta el segundo semestre de 2024 se encuentra en jurisdicciones consideradas paraísos fiscales (Oxfam, 2024, p. 4).

El crecimiento del endeudamiento, en un contexto en el que los pagos superan los ingresos y no existen activos públicos adicionales para privatizar, conduce a una lógica de financiamiento Ponzi, en la cual se paga deuda con más deuda, incrementando el riesgo de insolvencia y el eventual recurso a políticas de austeridad, como advierte Kregel (2008, p. 8). En septiembre de 2024, el Director de Crédito Público advirtió sobre la posibilidad de un default si el Congreso no aprobaba el cupo de endeudamiento solicitado por el Ejecutivo. En la misma línea, Kalmanovitz (2021, 16 de mayo) sugiere reducir gradualmente la dependencia del crédito y destinar recursos al gasto social y a la inversión en infraestructura.

Frente a este panorama, la afirmación del FMI (2024, p. 72) según la cual "el bajo ahorro, en lugar de la alta inversión, es el factor que impulsa el alto déficit de cuenta corriente de Colombia" conduce a justificar planes de austeridad o reformas tributarias regresivas. Sin embargo, el bajo ahorro es consecuencia de una baja inversión, no de una elevada imposición. Como señalaba Keynes, es la inversión la que determina el ahorro. Países como China ahorran mucho porque invierten mucho, no a la inversa.

El resultado de esta política de austeridad ha sido una combinación de bajo crecimiento y escasa inversión. Según la OCDE (2024, p. 24), "antes de la pandemia, la relación inversión/PIB se situaba en torno al 23%, en línea con el promedio de la OCDE, pero desde entonces se ha desplomado hasta uno de los niveles más bajos entre los países de la OCDE: 17,8% en 2023". Asimismo, "si bien los resultados confirman el impacto negativo de las políticas monetarias más restrictivas sobre la inversión, también sugieren que la incertidumbre política sobre las políticas ha jugado un papel importante" (FMI, 2024, p. 7).

En suma, la inversión privada no depende del ahorro, sino de las expectativas de rentabilidad bajo incertidumbre, en relación con la tasa de interés de intervención definida por el BR. Esta institución ha replicado, en el contexto colombiano, un "shock Volcker". A su vez, el crédito no depende del volumen de depósitos, ya que los bancos comerciales crean dinero endógenamente (Kumhof et al., 2016). Incluso el propio FMI (2024, p. 7) reconoce que "los resultados confirman el impacto negativo de las políticas monetarias más restrictivas sobre la inversión" en Colombia.

EJECUCIÓN DE LA POLÍTICA ECONÓMICA Y RESULTADOS

El hecho de que la economía colombiana se encuentre en condiciones de bajo crecimiento —con una expansión del PIB de apenas 0,6% en 2023, estimaciones cercanas al 1,6% para 2024 y una proyección de 2,5% para 2025 (FMI, 2024, octubre, p. 29)—, acompañado de una inflación esperada de 5,3%, no puede considerarse el resultado de un fenómeno exógeno o imprevisible, como "un rayo en una noche serena". Por el contrario, constituye una consecuencia directa de la ejecución de políticas económicas orientadas a la estabilidad nominal, entre ellas la adopción de tasas de interés elevadas, el cumplimiento estricto de la regla fiscal —que restringe el margen para la expansión del gasto público—, y la creciente carga del servicio de la deuda pública. Este último representa en el presupuesto nacional de 2025 aproximadamente el 21,5% del total (113 billones de pesos sobre un total de 523 billones), afectando negativamente la inversión pública y sus efectos multiplicadores sobre el crecimiento y el empleo.

En este contexto, el gobierno no puede recurrir al déficit fiscal financiado mediante endeudamiento privado como vía para compensar la caída de los ingresos tributarios derivada del débil desempeño económico, debido a las restricciones impuestas por la regla fiscal y los límites de deuda del Gobierno Nacional Central (GNC). Aunque las recomendaciones del Comité Autónomo de la Regla Fiscal no son jurídicamente vinculantes, ejercen presión a través del comportamiento de los mercados y las agencias calificadoras de riesgo (ACR), que condicionan el acceso al crédito y la sostenibilidad financiera del país.

Asimismo, el gobierno carece de la posibilidad de financiarse mediante emisión primaria —es decir, a través del gasto autónomo no condicionado por la recaudación impositiva—, mecanismo que, como subrayó Ruml (1946), constituye la base operativa de la soberanía monetaria y una función propia de un banco central moderno. En escenarios recesivos, este tipo de financiamiento puede ser transitorio y autorreversible, ya que el déficit tiende a reducirse durante la fase de recuperación. Sin embargo, la presión de las ACR y las restricciones institucionales impuestas al Banco de la República (BR) impiden esta alternativa. En ese marco, resulta significativo que el actual gerente del BR haya sido reelegido por un nuevo período de cuatro años, lo que garantiza la continuidad del enfoque monetario ortodoxo.

No es casual, por tanto, que el crecimiento económico haya sido inferior desde que el BR adquirió plena independencia. Como lo señala Moreno (2021), "la tasa de crecimiento del PIB (4,6% entre 1961 y 1992) fue mayor cuando el Banco de la República le concedía créditos directos al gobierno para financiar el déficit fiscal, que cuando la Constitución de 1991 prohibió dichas operaciones (3,5% entre 1993 y 2019)". Esto a pesar de que la tasa de inflación promedio anual se redujo del 20% (1970–1990) al 6% (2000–2020) (Clavijo, 2024, p. 7).

En consecuencia, diversos economistas han cuestionado la eficacia de la separación estricta entre las políticas fiscal y monetaria. Skidelsky (2018), por ejemplo, sostiene que "dado que los gobiernos, no los bancos centrales, son los responsables de los resultados de la política, la gestión macroeconómica no puede ser externalizada a los bancos centrales. Es necesario integrar los dos brazos de la política, el fiscal y el monetario. El experimento de los bancos centrales independientes debe llegar a su fin".

En resumen, durante el periodo posterior a la pandemia, la ejecución de la política económica en Colombia se caracterizó por una marcada orientación hacia la estabilidad nominal, con énfasis en la restricción fiscal, el aumento sostenido de las tasas de interés por parte del Banco de la República y el cumplimiento estricto de la regla fiscal. Estas decisiones limitaron la capacidad del gobierno para estimular la economía a través del gasto público o del crédito, en un contexto de bajo crecimiento y elevada carga por el servicio de la deuda. Como resultado, aunque la inflación logró reducirse de manera significativa, el crecimiento económico se desaceleró bruscamente, la inversión pública se contrajo y el desempleo, aunque disminuyó, persistió en niveles relativamente altos. La independencia del banco central y las presiones de los mercados y agencias calificadoras limitaron la coordinación entre política fiscal y monetaria, reproduciendo un patrón de ajuste que sacrificó dinamismo económico en favor de la disciplina financiera.

Cuadro Macroeconómico de Colombia 2019-2025

Indicadores	**2019**	**2020**	**2021**	**2022**	**2023**	**2024** P.
PIB (miles de millones dólares)	323,031	270,348	318,524	345,329	363,540	362,997
Crecimiento PIB real (porcentaje)	3.18	-7.18	10.80	7.28	0.61	1.80
PIB per cápita (PPA en dólares)	16,091	15,427	17,587	21,055	21,548	-
Tasa de inflación	3.52	2.52	3.49	10.17	11.73	5.70
Tasa de desempleo	10.28	16.70	13.89	10.54	9.56	10.9
Saldo presupuesto público (porcentaje PIB)	2.95	9.50	9.17	7.96	6.84	503
Deuda pública (porcentaje PIB)	54.87	72.00	77.34	85.08	83.43	27.70
Exportaciones (miles de mil. dólares)	39.489	31,008	40,287	56,999	49,545	28,636
Importaciones (miles de mil. dólares)	52,703	43,489	61,101	77,413	62,797	30,572
Reservas internacionales (miles mil. dólares)	52,647	58,491	58,010	56,700	59,037	61,869
Deuda externa total (porcentaje PIB)	42.90	57.00	53.90	53.10	53.60	48.50

Fuente: Elaboración propia a partir de los datos del Banco Mundial y el Banco de la Republica de Colombia. P. Proyecciones.

Capítulo 6.

Políticas Económica en Ecuador

ANTONI SEGUÍ ALCARAZ
Departamento de Economía Aplicada
Universitat de València

PROBLEMAS EN LA ECONOMÍA ECUATORIANA

En los últimos meses la economía se ha desacelerado sustancialmente debido a un aumento de la inseguridad provocada por el crimen organizado, disrupciones en la producción de petróleo, crisis energética, eventos climáticos y la incertidumbre política. Además, el gobierno que asumió en noviembre del 2023, por un periodo de 18 meses ha enfrentado importantes restricciones de liquidez y un gran déficit de financiamiento.

Otro desafío de corto plazo está vinculado a la crisis energética, que viene ocasionando cortes de suministro en todo el país, en medio de una de las sequías más fuertes de los últimos años. Se requiere evaluar medidas que incrementen la inversión en el sector, con miras a mejorar la operatividad de las unidades de generación de energía existentes e incorporar nuevas tecnologías en el sector.

En 2023, Ecuador continuó enfrentando importantes desafíos económicos y sociales. Aunque la emergencia sanitaria del COVID-19 ya no es un factor dominante, sus efectos persisten en la recesión económica y el aumento de la pobreza. A esto se suman la inflación y el encarecimiento de productos esenciales, lo que ha empeorado las condiciones para los sectores más vulnerables. La pobreza en Ecuador en 2023 afecta al 25,8% de la población, según datos del INEC, lo que refleja una leve mejora respecto a los picos durante la pandemia, pero sigue siendo considerablemente alta. La pobreza extrema, definida por ingresos inferiores a 1,90 USD diarios, se sitúa en el 10,8%, una disminución frente a los niveles de 2020, pero sigue siendo un reto significativo.

La oferta de empleo en Ecuador ha mostrado una tendencia a la baja entre 2019 y 2023, con la tasa de participación laboral global reduciéndose de 67,3% en 2019 a 64,7% en 2023. En paralelo, la población económicamente inactiva ha aumentado, reflejando una recuperación incompleta del empleo, especialmente en las áreas de empleo adecuado y subempleo, sin alcanzar aún los niveles previos a la pandemia.

Los avances laborales limitados, junto con la escasa reducción en pobreza y desigualdad, subrayan la necesidad de atender desafíos estructurales mediante políticas públicas más robustas y estrategias efectivas de redistribución de ingresos y riqueza.

El subempleo, que era del 24,6% en 2021, ha disminuido ligeramente en 2023, situándose en torno al 22%. Sin embargo, la alta informalidad del empleo sigue siendo un problema estructural que afecta tanto a la calidad de vida como a las posibilidades de desarrollo sostenible del país.

La economía de Ecuador sigue teniendo importantes desequilibrios estructurales, en gran parte derivados de factores externos como la volatilidad de los precios del petróleo y la fortaleza del dólar. El déficit fiscal se mantuvo elevado, y la deuda pública alcanzó aproximadamente el 62% del PIB, equivalente a más de 66.000 millones de dólares. Ecuador, como un país petrolero, ya enfrentaba una crisis estructural antes de 2020 debido a los bajos precios del crudo y el alto endeudamiento, pero la crisis de la covid-19 agravó esta situación, con una contracción económica del 7,8% en 2020.

La dolarización continúa siendo un factor limitante, ya que la falta de una moneda propia hace que Ecuador dependa de la balanza comercial para inyectar liquidez en su economía. Además, la capacidad del gobierno para financiar el gasto público sigue siendo limitada por la baja recaudación tributaria en relación con el PIB y la dependencia del país de los ingresos petroleros.

Otro problema relevante es la contaminación de recursos hídricos. Los vertidos de aguas residuales, la mala gestión de los residuos sólidos, el uso excesivo de agroquímicos y la presencia de nutrientes han afectado seriamente a los ecosistemas acuáticos del país. Estos problemas, combinados con los efectos del cambio climático y la vulnerabilidad de Ecuador a desastres naturales, como terremotos e inundaciones, subrayan la necesidad urgente de políticas de adaptación y mitigación. Se ha promovido la transversalización de políticas ambientales en diversos sectores, pero los avances han sido limitados.

DISEÑO DE LA POLÍTICA ECONÓMICA

En cuanto a la política económica, el gobierno actual ha seguido implementando el Plan de Creación de Oportunidades 2021-2025, que busca consolidar un crecimiento sostenible e inclusivo. Entre los objetivos clave de este plan se encuentran la generación de empleo, el fortalecimiento de la inversión privada y la reducción de la pobreza. Aunque Ecuador ha vacunado a una gran parte de la población, la recuperación económica tras la pandemia sigue enfrentando desafíos, y el gobierno ha buscado apoyo tanto del sector privado como de actores políticos para superar la crisis y sentar bases sólidas para el futuro.

El Sistema Nacional Descentralizado de Planificación Participativa (SNDPP) sigue siendo una herramienta clave para la coordinación entre los diferentes niveles de gobierno. Este sistema está diseñado para garantizar que la acción del Estado llegue a todas las regiones del país, teniendo en cuenta los derechos y necesidades de la población. Dentro de este marco, se han establecido cuatro ejes fundamentales para la gestión pública: social, económico, institucional y de transición ecológica, que guiarán las políticas y proyectos hasta 2025.

Cuadro 1: Objetivos en base a los ejes fundamentales de política económica

1) Eje Económico	1. Incrementar y fomentar, de manera inclusiva, las oportunidades de empleo y las condiciones laborales. 2. Impulsar un sistema económico con reglas claras que fomente el comercio exterior, turismo, atracción de inversiones y modernización del sistema financiero nacional. 3. Fomentar la productividad y competitividad en los sectores agrícola, industrial acuícola y pesquero, bajo el enfoque de la economía circular. 4. Garantizar la gestión de las finanzas públicas de manera sostenible y transparente.
2) Eje Social	1. Proteger a las familias, garantizar sus derechos y servicios, erradicar la pobreza y promover la inclusión social. 2. Garantizar el derecho a la salud integral, gratuita y de calidad. 3. Potenciar las capacidades de la ciudadanía y promover una educación innovadora, inclusiva y de calidad en todos los niveles. 4. Generar nuevas oportunidades y bienestar para las zonas rurales, con énfasis en pueblos y nacionalidades.

3) Eje Transición Ecológica	1. Conservar, restaurar, proteger y hacer un uso sostenible de los recursos naturales. 2. Fomentar modelos de desarrollo sostenibles aplicando medidas de adaptación y mitigación al Cambio Climático. 3. Promover la gestión integral de los recursos hídricos.
4) Eje Institucional	1. Fomentar la ética pública, la transparencia y la lucha contra la corrupción. 2. Promover la integración regional, la inserción estratégica del país en el mundo y garantizar los derechos de las personas en situación de movilidad humana.

Fuente. Plan de Creación de Oportunidades 2021-2025.

En lo económico, el plan busca mejorar las oportunidades de empleo y las condiciones laborales estableciendo un marco más adecuado para la inversión y la productividad, mientras se continúa mejorando la sostenibilidad y la transparencia de las finanzas públicas. Sin dejar de lado la necesidad de abordar un amplio espectro de temas que afectan a los ecuatorianos desde la mejora en el acceso y calidad de la salud, la lucha contra la desnutrición infantil, pasando por el aumento de la seguridad ciudadana. Por otra parte, se plantea empezar una transición ecológica de la mano de un mejor manejo de los recursos naturales, promover la gestión integral de los recursos hídricos y la aplicación de medidas de adaptación y mitigación al cambio climático. También el Plan de Creación de Oportunidades 2021-2025 define una serie de objetivos, así como políticas y metas para alcanzarlos, los principales son:

Incrementar y fomentar, de manera inclusiva, las oportunidades de empleo y las condiciones laborales

Para ello crea nuevas oportunidades laborales en condiciones dignas, fomenta la inclusión laboral, el perfeccionamiento de modalidades contractuales, con énfasis en la reducción de brechas de igualdad y atención a grupos prioritarios, jóvenes, mujeres y personas LGBTI+.

Impulsar un sistema económico con reglas claras que fomente el comercio exterior, turismo, atracción de inversiones y modernización del sistema financiero nacional

Va a fortalecer vínculos comerciales con socios y países de mercados potenciales que permitan un libre comercio y la consolidación de las exportaciones no petroleras. Promover un adecuado entorno de negocios que permita la atracción de inversiones y las asociaciones público-privadas. Fomentar el turismo doméstico, receptivo y sostenible a partir de la promoción, consolidación y diversificación de los productos y destinos de Ecuador tanto a nivel nacional como internacional, e impulsar las industrias creativas a través del fomento de las actividades culturales y puesta en valor del patrimonio.

Fomentar la productividad y competitividad en los sectores agrícola, industrial, acuícola y pesquero, bajo el enfoque de la economía circular

Se va a impulsar la soberanía y seguridad alimentaria para satisfacer la demanda nacional. Mejorar la competitividad y productividad agrícola, pesquera, acuícola, industrial, incentivando el acceso a infraestructura adecuada, insumos y uso de tecnologías modernas y limpias. Además de fomentar la asociatividad productiva que estimule la participación de los ciudadanos en los espacios de producción y comercialización.

Garantizar la gestión de las finanzas públicas de manera sostenible y transparente

Se busca incrementar la eficiencia en las empresas públicas, con un enfoque de calidad y rentabilidad económica y social, priorizando el gasto público para la atención en salud, educación, seguridad con enfoque en los derechos humanos. Fomentar un sistema tributario simple, progresivo, equitativo y eficiente, que evite la evasión y elusión fiscal y genere un crecimiento económico sostenido. Garantizar el financiamiento público sostenible, minimizando los efectos en las generaciones futuras. Consolidar y afianzar la dolarización, a través de la implementación de medidas de política económica y financiera, que contribuyan a la sostenibilidad de la balanza de pagos, generando condiciones macroeconómicas óptimas que propicien un crecimiento económico inclusivo y sostenible.

Proteger a las familias, garantizar sus derechos y servicios, erradicar la pobreza y promover la inclusión social

Ayudará a consolidar un sistema de seguridad social universal, eficiente, transparente y sostenible en corresponsabilidad entre el Estado, el sector privado y la ciudadanía. Promover el ejercicio de derechos y la erradicación de la pobreza con énfasis en las personas y grupos de atención prioritaria. También se va a promover el acceso al hábitat seguro, saludable y a una vivienda adecuada y digna.

Garantizar el derecho a la salud integral, gratuita y de calidad

Se busca mejorar las condiciones para el ejercicio del derecho a la salud de manera integral, abarcando la prevención y promoción. Asegurando el acceso universal a las vacunas y la adopción de medidas sanitarias para prevenir la incidencia de enfermedades infectocontagiosas en la población. Fortalecer los servicios de salud sexual y reproductiva de manera integral, inclusiva y de calidad. Combatir toda forma de malnutrición. Modernizar el sistema de salud pública para garantizar servicios de calidad con eficiencia y transparencia. Prevenir el consumo de drogas y fomentar las actividades físicas que contribuyan a mejorar la salud.

Potenciar las capacidades de la ciudadanía y promover una educación innovadora, inclusiva y de calidad en todos los niveles

Para cumplir este objetivo se va a garantizar el acceso universal, inclusivo y de calidad a la educación en los niveles inicial, básico y bachillerato, promoviendo la permanencia y culminación de los estudios. Promover la modernización y eficiencia del modelo educativo por medio de la innovación y el uso de herramientas tecnológicas. Erradicar toda forma de discriminación, negligencia y violencia en todos los niveles del ámbito educativo, con énfasis en la violencia sexual contra la niñez y adolescencia. Fortalecer el Sistema de Educación Superior bajo los principios de libertad, autonomía responsable, igualdad de oportunidades, calidad y pertenencia; promoviendo la investigación de alto impacto e impulsar la excelencia deportiva con igualdad de oportunidades, pertinencia territorial e infraestructura deportiva de calidad.

Generar nuevas oportunidades y bienestar para las zonas rurales, con énfasis en pueblos y nacionalidades

Las políticas que se plantean en este sentido tratan de erradicar la pobreza y garantizar el acceso universal a servicios básicos y la conectividad en las áreas rurales, con pertenencia territorial. Además de desarrollar el sector turístico a través de la revalorización de las culturas, saberes ancestrales y la conservación del patrimonio natural.

Conservar, restaurar, proteger y hacer un uso sostenible de los recursos naturales

En este sentido se va a promover la protección y conservación de los ecosistemas y su biodiversidad; así como, el patrimonio natural y genético nacional. Fomentar la capacidad de recuperación y restauración de los recursos naturales renovables. Impulsando, por otro lado, la reducción de la deforestación y degradación de los ecosistemas a partir del uso y aprovechamiento sostenible del patrimonio natural.

Fomentar modelos de desarrollo sostenibles aplicando medidas de adaptación y mitigación al Cambio Climático

Se trata de fortalecer las acciones de mitigación y adaptación al cambio climático. Promover modelos circulares que respeten la capacidad de carga de los ecosistemas oceánicos, marino-costeros y terrestres, permitiendo su recuperación; así como la reducción de la contaminación y la presión sobre los recursos naturales e hídricos. Aplicando mejores prácticas medioambientales con responsabilidad social, que fomenten la concienciación, producción y consumo sostenible, desde la investigación, innovación y transferencia de tecnología.

Promover la gestión integral de los recursos hídricos

Impulsar una provisión del servicio de agua para consumo humano y saneamiento, en igualdad de oportunidades. Proteger, regenerar, recuperar y conservar el recurso hídrico y sus ecosistemas asociados, por sistemas de unidades hidrográficas. Promoviendo la gestión sostenible del recurso hídrico en todos sus usos y aprovechamientos.

Fomentar la ética pública, la transparencia y la lucha contra la corrupción

Las políticas planteadas tratan de fomentar la integridad pública y la lucha contra la corrupción en coordinación interinstitucional efectiva entre todas las funciones del Estado y la participación ciudadana. Impulsando el Gobierno Abierto que propicie la transparencia y el acceso de información oportuna y cercana a la ciudadanía.

Promover la integración regional, la inserción estratégica del país en el mundo y garantizar los derechos de las personas en situación de movilidad humana.

Con tal de conseguir el objetivo planteado se impulsan las relaciones exteriores de la nación con los países de la región y del mundo y salvaguardar los intereses nacionales en temas de soberanía. Garantizando los derechos soberanos del país en el mar, dentro del contexto de la CONVEMAR (Convención de las Naciones Unidas sobre el Derecho del Mar) y otros acuerdos internacionales suscritos en el ámbito oceánico y marino-costero.

Por otra parte, el Ejecutivo ecuatoriano sigue enfocándose en el programa llamado "Cambio de Matriz Productiva" y se han fijado 14 sectores prioritarios en los que se centrará la acción en los próximos años: alimentos frescos y procesados, biotecnología, confecciones y calzado, energías renovables, industria farmacéutica, petroquímica, metalmecánica, servicios medioambientales, productos forestales de madera, tecnología (software, hardware y servicios informáticos), construcción, vehículos, logística, transporte y turismo.

EJECUCIÓN DE LA POLÍTICA ECONÓMICA Y RESULTADOS

Aunque la pandemia de la Covid-19 tuvo un impacto negativo en la pobreza, en 2023 se ha logrado reducir los niveles de pobreza. En estos tres últimos años, la pobreza ha disminuido un 8%, pasando de situarse al 33% en 2020 al 25,2% en 2023. Esto se traduce en 1,9 millones de personas en situación de pobreza, aunque estas cifras son desiguales en función de la zona en la que se ponga el foco. En las áreas urbanas, la pobreza se sitúa en un 5,2%, mientras que en las rurales alcanza el 22,6%, con ligeras variaciones respecto al año anterior.

Por otro lado, con respecto a las cifras de empleabilidad, Ecuador sigue presentando cifras preocupantes, con más de 200.000 personas en situación de desempleo. Además, este indicador incide más en mujeres que en hombres. La tasa de empleo adecuado, que mide el porcentaje de personas que trabajan 40 horas semanales y ganan al menos el salario mínimo, se situó en el 35%, con poca variación respecto al año anterior. Esto indica que más de la mitad de la población activa no cuenta con un empleo bien remunerado o que le permita vivir cómodamente. Asimismo, el subempleo incidió en el 21,2% de los ecuatorianos, lo que se supone que muchas personas trabajan menos horas de las que querrían o bajo unas condiciones peores. El desempleo, aunque bajo en términos absolutos (3,8% a nivel nacional), oculta una alta informalidad laboral, con una tasa de informalidad del 55,7% al cierre del año. Además, el salario promedio sigue siendo bajo, y muchos trabajadores ganan menos del salario básico, mientras que la cesta básica familiar (que incluye vivienda, servicios y alimentación para una familia de cuatro) superó los 760 USD. El gobierno se encuentra dificultades para aumentar el gasto social debido a restricciones fiscales y acuerdos con el FMI, lo que añade presión a la economía del país.

Las zonas rurales son las que se llevan la peor parte. Siete de cada diez personas no pueden satisfacer sus necesidades básicas (como alimentación, salud, y educación). Así, la tendencia es la marcha de muchos jóvenes ecuatorianos en busca de mejores oportunidades. Las mujeres, en especial las migrantes y refugiadas, enfrentan altos niveles de vulnerabilidad, agravados por la violencia de género y la falta de acceso a servicios y oportunidades laborales adecuadas. Igualmente, la población migrante que llega a Ecuador se encuentra con numerosas dificultades debido a la precariedad del empleo y la falta de un sistema adecuado para su acogida en condiciones dignas.

Los esfuerzos de la política social por intentar mejorar las cifras de empleo, así como las condiciones de este, son muy deficientes; especialmente en comunidades rurales, indígenas, y afrodescendientes. La expansión de la economía informal reduce el impacto de las políticas sociales y agravan la situación económica del país.

En lo referente a la balanza comercial, Ecuador registró en el año 2023 un superávit comercial de 1.998 millones de dólares, equivalente al 1,95% del PB. Este resultado está muy ligado a los fletes marinos y viajes. Ecuador mantiene una balanza comercial mixta con sus principales socios comerciales: China, Estados Unidos y la Unión Europea, mostrando tanto superávit como déficit con ellos. A pesar del superávit general, la balanza comercial no petrolera mostró una caída de 194,8 millones de dólares.

Para 2024, se prevé que disminuya el déficit estructural de la balanza de servicios, a causa de la reducción de los fletes, tanto por los menores precios del servicio, como también por el menor volumen de importación. También se espera un crecimiento moderado en los servicios de viajes, alcanzando los niveles prepandemia.

La inflación se mantuvo relativamente baja si la comparamos con años anteriores. La inflación acumulada hasta septiembre de 2023 fue de 1,96%, mientras que la inflación anual fue de 2,22%; una disminución con relación al año previo, que había sido de 3,74%. Las divisiones de consumo que más influyeron en la inflación fueron transporte (más concretamente la gasolina), bienes y servicios diversos, y salud.

Para los años 2024 y 2025, se estima que tanto la inflación general como la subyacente experimenten una trayectoria al alza. Se proyecta que la inflación general retorne gradualmente a niveles del 2% en 2025, en tanto que la subyacente lo haría desde 2026. Las proyecciones de inflación general para el período 2024-2027 son del 2,38%, 2,54%, 1,68% y 1,45%; en tanto que la inflación base se estima en 0,97%, 2,27%, 1,70% y 1,36%.

Estas proyecciones obedecen a los mecanismos de estabilización de precios propuestos por el gobierno, a la persistencia de los precios de servicios y a la desaceleración económica observada en los últimos periodos.

Ecuador sigue manteniendo una serie de acuerdos con el Fondo Monetario Internacional y otras instituciones multilaterales para lograr la mayor estabilidad financiera posible. En 2023, Ecuador recibió 300 millones de dólares del Banco Mundial destinados a financiar créditos para micro, pequeñas y medianas empresas, una medida crucial para dinamizar la economía interna. Además, sigue recibiendo apoyo del Banco Interamericano de Desarrollo (BID) y la CAF-Banco de Desarrollo de América Latina, instituciones que han sido claves en respaldar proyectos de infraestructura y desarrollo social en Ecuador. Estos préstamos multilaterales ayudan a cubrir las necesidades fiscales del país, enfocándose en mejorar las condiciones de vida de los más vulnerables.

Al cierre del año 2023, las reservas internacionales se situaron en USD 4.454 millones. A lo largo del año, mostraron una tendencia decreciente por un mayor servicio de deuda externa, importación de derivados e incremento de los giros al exterior (público y privado). Otros factores de incidencia fueron los egresos por la variación del precio del oro, además de la aplicación de la política de Inversión de la Corporación del Seguro de Depósitos, Fondo de Liquidez y Fondo de Seguros Privados (COSEDE). Pese a todos estos factores, la mayor parte del año 2023 s logro cubrir el 100% del primer y segundo sistemas de balances del BCE. Además, aunque relativa volatilidad durante el primer trimestre de 2024, marzo presento una tendencia positiva, con un saldo de USD 5.300 millones al final del mencionado mes de 2024.

Hasta diciembre 2023, los depósitos del sistema financiero nacional mostraron una desaceleración, con un crecimiento interanual del 8,0%, impulsado por los depósitos a plazo fijo. Este resultado se asocia a una mayor propensión al ahorro de mediano y largo Plazo Por parte de los hogares, comportamiento que podría responder al incremento de las tasas pasivas que los bancos están pagando a sus depositantes, las que han registrado alzas durante los últimos meses. El crecimiento de la cartera de crédito fue del 8,7%. menor al alcanzado en diciembre de 2022 (14,9%), lo que podría estar asociado a la disminución de la liquidez en la economía y al costo más elevado del financiamiento internacional, que se ha trasladado al mercado nacional. El incremento de las tasas de interés activas podría contribuir a la desaceleración del crédito, principalmente en los segmentos productivo y microcrédito.

En términos de financiación, Ecuador enfrenta dificultades significativas. China es la principal fuente de financiación externa, representando un 68% de su deuda. Además, recientemente Ecuador ha concretado préstamos adicionales con bancos chinos por un valor de 3.500 millones de dólares. Por otro lado, debido a su alto riesgo país, que en 2023 alcanzó 1.415 puntos, Ecuador enfrenta dificultades para acceder a financiamiento a través de prestamistas privados y del mercado de bonos. Esto obliga al gobierno a depender de financiamiento con organismos multilaterales y bilaterales como China, ya que el costo de emitir bonos en el mercado internacional podría conllevar tasas de interés extremadamente altas, cercanas al 18%. Este panorama coloca a Ecuador en una posición vulnerable en comparación con otros países de la región, como Chile o Perú, que pueden acceder a financiamiento a menores tasas. Además, se espera que Ecuador tarde más tiempo en recuperar los niveles de estabilidad económica previos a la pandemia, en parte debido a estas condiciones financieras restrictivas y a la alta dependencia de las exportaciones de petróleo.

La recaudación tributaria de Ecuador alcanzó los 17.420 millones de dólares en 2023, lo que representó un incremento del 1,5% respecto a 2022. Esto equivale aproximadamente al 54% del presupuesto general del Estado. A pesar del aumento, el porcentaje de recaudación sobre el PIB se mantiene en torno al 18%, un valor similar al de años anteriores y aún por debajo del promedio de América Latina y el Caribe (21.9%) y de la OCDE (33.5%).

En cuanto a las relaciones internacionales, Ecuador continuó fortaleciendo sus vínculos comerciales, especialmente con países clave como Estados Unidos y el Reino Unido. A fines de 2023, el país firmó acuerdos comerciales adicionales, buscando ampliar sus exportaciones en productos clave como banano y camarones, además de seguir trabajando en un acuerdo comercial más amplio con Estados Unidos.

El año 2023 también fue complicado para el medio ambiente. Aunque se hicieron promesas de transición ecológica, continuaron los problemas de deforestación en la Amazonía y los Andes debido a la expansión de la minería y la explotación petrolera. Además, la inseguridad relacionada con el crimen organizado aumentó significativamente, contribuyendo a un clima de inestabilidad política que llevó a un adelanto de las elecciones generales. Esta inestabilidad sigue siendo uno de los mayores desafíos para la nueva administración.

En cuanto a los desafíos estructurares, el país requiere continuar con los esfuerzos para recuperar la confianza de los mercados de capitales y generar amortiguadores fiscales para afrontar los devenires del contexto internacional y climático. Además, el gobierno requiere gestionar con mayor eficiencia su dependencia del sector petrolero. Definitivamente, Ecuador sigue enfrentando grandes retos para lograr una economía más resiliente, con limitaciones estructurales en su sistema tributario y vulnerabilidad en su economía dolarizada, que restringe las herramientas disponibles para gestionar crisis fiscales y atraer inversiones internacionales.

Cuadro macroeconómico de Ecuador. 2014-2023

Indicadores	**2016**	**2017**	**2018**	**2019**	**2020**	**2021**	**2022**	**2023**
PIB real, tasa de crecimiento (por ciento, a precios de 2007)	-1,2	2,4	1,3	0	-7,8	4,2	2,94	0,69
Agricultura (porcentaje PIB, precios corrientes)	8,4	8,2	8	8	9,8	9,4	7,2	7,7
Petróleo y minas (porcentaje PIB, precios corrientes)	3,8	4,8	5,54	6-7	4,4	5,1	4,6	3,7
Comercio de servicios (% del PIB)	6,33	6,43	6,68	6,93	4,58	6,3	5,6	6,7
Tasa de desempleo (porcentaje)	4,6	4,1	4,1	3,4	4,1	4,9	4,1	3,8
Inflación	1,1	-0,2	0,27	-0,1	-0,9	1,94	3,74	2,22
Deuda pública (porcentaje PIB)	44,58	47,03	49,05	51,41	60,90	62,88	56,98	55,35
Exportaciones (porcentaje PIB)	16,8	18,3	22,8	23,05	22,5	25,15	28,04	26,20
Importaciones (porcentaje PIB)	16,3	19,2	21,55	20,87	18,18	24,20	28,37	26,01
Saldo balanza comercial (porcentaje sobre PIB)	0,5	-0,9	-1,44	-0,22	2,29	0,95	-0,34	0,19

Volumen de reservas exteriores (incluye oro) mil millones dólares	4,216	2,17	2,159	2,94	6,569	7,366	8,458	4,454

Fuente: Elaboración propia a partir de los datos del Banco Mundial y Banco Central del Ecuador.

Capítulo 7.
Políticas Económica en México

ANGÉLICA BEATRIZ CONTRERAS CUEVA
PAMELA MACÍAS ÁLVAREZ
Departamento de Métodos Cuantitativos
Universidad de Guadalajara

PROBLEMAS DE LA ECONOMÍA DE MÉXICO

En este capítulo se examinan los principales problemas de la economía mexicana entre 2012 y 2024, cómo se diseñaron las políticas económicas bajo los gobiernos de Enrique Peña Nieto (2012-2018) y Andrés Manuel López Obrador (2018-2024), y cuáles fueron los resultados de su ejecución.

A lo largo del periodo de 2012 a 2024, la economía mexicana enfrentó una serie de problemas estructurales, como la baja productividad, la informalidad laboral, la pobreza y desigualdad, la dependencia del sector energético y la corrupción, los cuales afectaron el crecimiento económico, el empleo y el bienestar social. Bajo las administraciones de Peña Nieto y López Obrador, algunos de estos problemas persistieron, mientras que otros se agravaron debido a eventos externos, como la pandemia de COVID-19 y la caída de los precios del petróleo.

La baja productividad fue uno de los principales problemas que limitó el potencial de crecimiento de la economía mexicana, afectando a sectores clave como la agricultura y los servicios. México presentó una marcada divergencia entre sectores de alta productividad, como el manufacturero y el automotriz, y sectores rezagados, como el agrícola y los servicios. A pesar de las expectativas generadas por las reformas estructurales implementadas entre 2012 y 2018, la productividad no mostró mejoras significativas. Bajo el gobierno de Peña Nieto, la economía mexicana tuvo un crecimiento económico moderado, con una tasa promedio anual del PIB de 2.5% (INEGI, 2018).

En la administración de López Obrador, la baja productividad persistió como un problema crítico, exacerbado por la pandemia, que paralizó sectores como el turismo, la manufactura y las exportaciones. La falta de inversión en innovación y tecnología en sectores no industrializados contribuyó a que esta problemática permaneciera sin resolverse.

La informalidad laboral fue otro problema estructural que afectó a la economía mexicana. Durante el sexenio de Peña Nieto, aproximadamente el 56.7% de la población ocupada trabajaba en el sector informal, lo que implicaba una baja en la calidad del empleo y limitaciones en la recaudación fiscal del Estado (INEGI, 2019). Esta problemática no mejoró significativamente bajo la administración de López Obrador, ya que la falta de empleo formal y el estancamiento del crecimiento económico, especialmente en sectores como las pequeñas y medianas empresas (PyMEs), profundizaron la informalidad, afectando principalmente a grupos vulnerables como los trabajadores rurales y los empleados del sector servicios.

La pobreza y la desigualdad se mantuvieron como desafíos críticos entre 2012 y 2024. En el gobierno de Peña Nieto, se conservaron programas sociales como Prospera, pero los avances en la reducción de la pobreza fueron limitados. Para 2018, el 41.9% de la población vivía en situación de pobreza, con marcadas disparidades entre las regiones del norte, más desarrolladas, y las del sur, dependientes en mayor medida de transferencias gubernamentales (CONEVAL, 2022). Bajo López Obrador, la política económica se centró en reducir la pobreza y la desigualdad mediante programas como Jóvenes Construyendo el Futuro, Sembrando Vida y Pensiones para Adultos Mayores. Sin embargo, para 2022, la pobreza aún afectaba al 36.3% de la población, mientras que las medidas de confinamiento por la pandemia profundizaron las desigualdades económicas, especialmente entre los trabajadores informales y las zonas rurales.

La dependencia del sector energético continuó siendo un problema estructural para la economía mexicana. Bajo Peña Nieto, la Reforma Energética de 2013 buscó diversificar las fuentes de inversión, permitiendo la participación de capital privado en la exploración y explotación de hidrocarburos. No obstante, la caída de los precios internacionales del petróleo en 2015 limitó los beneficios de esta reforma y agravó la situación financiera de Petróleos Mexicanos (PEMEX), ya afectada por altos niveles de endeudamiento y una producción decreciente. En la administración de López Obrador, esta dependencia persistió, aunque con un enfoque distinto. Se suspendieron licitaciones para nuevos contratos energéticos y se optó por fortalecer a PEMEX y la Comisión Federal de Electricidad (CFE) mediante políticas de control estatal. A pesar de estos esfuerzos, los problemas financieros de ambas empresas se intensificaron y la baja producción petrolera continuó restringiendo el crecimiento económico.

Finalmente, la corrupción siguió siendo un problema estructural que afectó la confianza en las instituciones y la eficacia de la inversión pública.

Bajo Peña Nieto, casos como el de la Casa Blanca y el escándalo de Odebrecht dañaron la credibilidad del gobierno y generaron un descontento social que contribuyó al triunfo de López Obrador en 2018. Este último, con una plataforma centrada en la lucha contra la corrupción, prometió reformas significativas, aunque los resultados fueron limitados en términos de mejorar la percepción pública y reducir significativamente este problema.

López Obrador implementó medidas para combatir la corrupción, como el fortalecimiento de la Unidad de Inteligencia Financiera (UIF) y la reducción de salarios en el sector público. No obstante, la percepción de corrupción siguió siendo alta, y la eliminación de fideicomisos y la centralización de recursos generaron controversias sobre la transparencia y la eficacia del gasto público.

DISEÑO DE LA POLÍTICA ECONÓMICA

El diseño de la política económica para aumentar el crecimiento económico, en el periodo analizado, respondió a los problemas estructurales con dos enfoques radicalmente distintos, Peña Nieto se centró en los problemas estructurales de baja productividad y dependencia del sector energético, y en la modernización de sectores clave.

Uno de los principales objetivos, en el periodo de 2012-2018, fue mejorar la competitividad y atraer inversiones extranjeras. Para ello, se impulsaron reformas a través del acuerdo político Pacto por México, el cual permitió la aprobación de reformas en energía, telecomunicaciones, educación y el sistema fiscal.

La Reforma Energética de 2013 fue una de las piezas clave, ya que abrió el sector energético a la inversión privada, permitiendo a empresas nacionales e internacionales participar en la exploración y producción de petróleo y gas. Esto buscaba enfrentar la dependencia de los ingresos petroleros, mejorar la productividad en el sector energético, y aliviar las finanzas públicas (Congreso de la Unión, 2013). Sin embargo, la caída de los precios del petróleo en 2015 afectó la capacidad de la reforma para generar los resultados esperados.

Otra reforma importante fue la Reforma de Telecomunicaciones, que se enfocó en aumentar la competencia, reducir los precios y expandir la cobertura de internet y telefonía. Esta reforma respondió a la necesidad de modernizar la infraestructura tecnológica y mejorar la productividad de sectores clave mediante la reducción de costos y la mejora de la conectividad (OCDE, 2017).

En el ámbito fiscal, la Reforma Fiscal de 2014 amplió la base tributaria para reducir la dependencia de los ingresos petroleros. Si bien se lograron avances en la recaudación, la reforma fue criticada por aumentar la carga fiscal sobre la clase media, lo que afectó el consumo interno y no fue suficiente para cerrar el déficit fiscal ni solucionar el problema del bajo crecimiento económico (SHCP, 2014).

Por su parte, la administración de Andrés Manuel López Obrador (2018-2024) adoptó un enfoque orientado a priorizar la intervención estatal, y la autosuficiencia energética, con un enfoque social que buscaba reducir la desigualdad, la corrupción. Su gobierno buscó revitalizar PEMEX y la Comisión Federal de Electricidad (CFE), limitando la inversión privada en el sector. Se implementaron planes para aumentar la producción de petróleo y reducir las importaciones de combustibles, con proyectos como la construcción de la Refinería Dos Bocas (SENER, 2020a). Estas acciones respondían a la necesidad de controlar los recursos estratégicos del país y reducir la dependencia energética externa, aunque los problemas financieros de PEMEX y la baja producción petrolera limitaron los resultados (SENER, 2020a).

Un elemento central del gobierno de López Obrador fue la política de austeridad republicana, que se implementó con recortes significativos en el gasto público, en particular en los salarios de altos funcionarios y en programas considerados no prioritarios. Este enfoque buscaba ahorrar recursos para destinarlos a programas sociales como Sembrando Vida y Jóvenes Construyendo el Futuro, diseñados para enfrentar la desigualdad social y ofrecer oportunidades laborales a los sectores más vulnerables. Sin embargo, la austeridad también tuvo efectos negativos, ya que limitó la inversión en infraestructura y en algunos servicios públicos, lo que a su vez frenó el crecimiento económico y no logró resolver el problema de la baja productividad (SADER, 2021).

En términos de políticas estructurales, el enfoque de López Obrador se centró más en el fortalecimiento del Estado como actor principal en la economía. Proyectos de infraestructura como el Tren Maya, el Corredor Transístmico y el Aeropuerto Internacional Felipe Ángeles reflejaron la intención del gobierno de generar empleo y desarrollo regional, particularmente en el sur-sureste, una región históricamente marginada. Estas políticas sectoriales respondían a los problemas de desigualdad regional, pero su éxito fue limitado por la falta de inversión privada y los recortes presupuestarios.

EJECUCIÓN DE LA POLÍTICA ECONÓMICA Y RESULTADOS

Bajo el gobierno de Enrique Peña Nieto (2012-2018), la ejecución de las reformas estructurales fue el eje central de su política económica, orientada a modernizar sectores clave y atraer inversión extranjera. A través del Pacto por México, un acuerdo político que impulsó reformas en áreas como energía, telecomunicaciones, educación y el sistema fiscal, se buscó abordar problemas estructurales como la baja productividad, la dependencia de los ingresos petroleros y la elevada informalidad laboral. Sin embargo, la implementación de estas políticas enfrentó diversos desafíos, tanto internos como externos.

La Reforma Energética permitió la apertura de la exploración y producción de hidrocarburos a la inversión privada, con el objetivo de reducir la dependencia energética y aumentar la productividad del sector. Sin embargo, la caída de los precios internacionales del petróleo en 2015 disminuyó el atractivo para los inversionistas y limitó los resultados esperados, mientras la producción petrolera continuó en descenso (SENER, 2018).

La Reforma Educativa, destinada a profesionalizar el magisterio y mejorar la calidad educativa, enfrentó una fuerte oposición de los sindicatos magisteriales. Aunque se introdujeron cambios importantes en la estructura laboral del sistema educativo, los resultados en términos de mejora en la calidad educativa fueron limitados. Además, no se logró establecer una conexión efectiva entre la reforma y el incremento en la productividad laboral en el corto plazo (INEE, 2018).

La Reforma Fiscal, por su parte, permitió un incremento en los ingresos tributarios como proporción del PIB, reduciendo la dependencia de los ingresos petroleros. Sin embargo, este aumento en la recaudación no fue suficiente para disminuir el déficit fiscal. Además, la carga fiscal adicional impuesta sobre la clase media generó descontento social y afectó el consumo interno. La reforma tampoco logró abordar de manera efectiva la alta informalidad laboral, que continuó afectando aproximadamente al 56.7% de la población ocupada (INEGI, 2019).

En el ámbito de la política social, programas como Prospera, que ofrecían transferencias condicionadas, beneficiaron a sectores vulnerables, pero no lograron reducir de manera significativa la pobreza ni la desigualdad. Para 2018, el 41.9% de la población seguía en condiciones de pobreza (CONEVAL, 2018). Asimismo, la desigualdad regional persistió, con marcadas disparidades entre el norte del país, más desarrollado, y el sur, que dependía en mayor medida de transferencias gubernamentales.

La administración de Peña Nieto también se vio afectada por escándalos de corrupción, como el caso de la "Casa Blanca" y las investigaciones relacionadas con Odebrecht, que deterioraron la confianza pública en las instituciones y debilitaron la percepción de efectividad en la ejecución de políticas públicas (Casar, 2015).

Con la llegada de Andrés Manuel López Obrador (2018-2024), la ejecución de la política económica marcó un giro respecto a la administración anterior. Desde su inicio, la estrategia se centró en la autosuficiencia económica y el fortalecimiento del papel del Estado en sectores estratégicos, particularmente el energético. Se detuvieron las licitaciones para nuevos contratos energéticos y se priorizó la inversión pública en PEMEX y la construcción de la Refinería Dos Bocas para reducir la dependencia de las importaciones de combustibles. Sin embargo, los altos costos fiscales y los limitados resultados en términos de producción petrolera dificultaron el éxito de estas políticas, afectando las finanzas públicas y restringiendo la capacidad gubernamental para mantener bajos niveles de endeudamiento (SENER, 2020b). Además, la Refinería Dos Bocas fue objeto de críticas por sus crecientes costos y retrasos en la construcción, lo que generó dudas sobre su viabilidad económica (CEPAL, 2022a).

En el ámbito social, programas como Sembrando Vida y Jóvenes Construyendo el Futuro tuvieron un impacto limitado en la reducción de la pobreza y la formalización del empleo. Para 2022, el 36.3% de la población seguía viviendo en condiciones de pobreza (CONEVAL, 2022), mientras que la informalidad laboral afectaba a más del 50% de la población económicamente activa, lo que continuó siendo un obstáculo estructural para el crecimiento económico.

Los resultados macroeconómicos también estuvieron marcados por desafíos. La recesión técnica de 2019 y la pandemia de COVID-19 en 2020 provocaron una caída del PIB del 8.2% (INEGI, 2021). Aunque en 2021 hubo una recuperación del 4.7%, el crecimiento promedio anual de la economía fue inferior al de administraciones previas, afectado por la falta de inversión privada y las presiones inflacionarias (CEPAL, 2022b). La política de austeridad permitió mantener niveles bajos de endeudamiento y un déficit público controlado en torno al 3% del PIB, pero los recortes en áreas estratégicas como infraestructura y servicios públicos limitaron el crecimiento a largo plazo. A pesar de la estabilidad macroeconómica lograda, la baja inversión y la incertidumbre política continuaron frenando el crecimiento económico, que se estimó en un promedio anual del 1.2% (Banco de México, 2022).

Entre 2012 y 2019, México registró saldos comerciales positivos pero moderados, reflejo de una relativa estabilidad entre exportaciones e importaciones. En 2020, debido al impacto de la pandemia, se observó un superávit comercial inusualmente alto, impulsado por la caída de importaciones y la rápida recuperación de exportaciones manufactureras. A partir de 2021, el país presentó déficits crecientes, alcanzando un máximo en 2022 por el aumento en las importaciones de insumos, combustibles y alimentos, así como por el encarecimiento de materias primas. Aunque en 2023 y 2024 el déficit se redujo, la tendencia evidencia una creciente dependencia del exterior y posibles debilidades estructurales en la competitividad exportadora

Cuadro Macroeconómico de México (2019-2024)

	2018	2019	2020	2021	2022	2023	2024
PIB (miles de millones de dólares)	1,257	1,250	1,027	1,154	1,206	1,381	1,437
Crecimiento PIB real (porcentaje)	2	-0.1	-8.2	4.8	3.1	1.4	2.5
PIB per cápita (PPA en dólares)	18,467	18,352	16,546	17,429	18,249	19,272	20,341
Tasa de paro (porcentaje de la población activa)	3.3	3.6	5	4.1	3.6	3.4	3.2
Tasa de inflación	4.9	3.6	3.2	5.5	7.82	4.2	3.5
Saldo presupuesto público (porcentaje PIB)	-2.1	-2.5	-3.9	-3.3	-2.9	-3	-3
Deuda pública (porcentaje PIB)	44.9	44.8	53	50.4	49.8	49	48.5
Exportaciones (millones de dólares)	450,650	461,115	417,670	494,224	578,654	600,000	620,000
Importaciones (millones de dólares)	464,276	467,218	416,900	505,715	578,118	600,500	620,500

Saldo Comercial (miles de millones de dólares)	2.70	0.60	21.71	-25.42	-42.57	-24.97	-8.21
Reservas internacionales (miles de millones de dólares)	176.3	180.6	195.7	202.6	199.6	198	197.5

Fuente: Banco de México. (2022). Informe anual 2021. Banco de México. CEPAL. (2022c). Estudio económico de América Latina y el Caribe 2022. Comisión Económica para América Latina y el Caribe. INEGI. (2021). Producto Interno Bruto de México 2020. Instituto Nacional de Estadística y Geografía.

PARTE II.

EDUCACIÓN, EQUIDAD Y DESAFÍOS ÉTICOS EN LA SOCIEDAD CONTEMPORÁNEA

Capítulo 8.

Educación e igualdad de género

SUSANA VÁZQUEZ CUPEIRO
Departamento Sociología Aplicada, INSTIFEM y TRANSOC
Universidad Complutense de Madrid

INTRODUCCIÓN

La educación es uno de los pilares del Estado de bienestar en España y la escuela, en sentido amplio, una institución clave para promover la igualdad de género más allá de sus propios muros. Pero la escuela produce y reproduce desigualdades; un fenómeno que está lejos de haber ocupado un papel central en el debate público. El problema de las desigualdades cobra relevancia, como todos los problemas sociales, como resultado de unas dinámicas históricas situadas (Blumer, 1971) que tienen lugar en un contexto de transformaciones sociales más amplias. En este sentido, además de establecer mandatos y acciones que la escuela debe adoptar, la legislación educativa conceptualiza la desigualdad, y de manera específica la desigualdad de género, a partir de unas determinadas premisas teóricas y epistemológicas. Las reformas educativas llevan así aparejada una determinada visión sobre las desigualdades de género, que se vincula a una serie de estrategias diseñadas para abordarlas, y constituyen una herramienta fundamental para entender cambios y continuidades en su conceptualización y posterior traslado a las políticas públicas.

Aproximarnos a los múltiples significados asociados a la (des)igualdad de género que se construyen a través de la legislación educativa, no solo nos ofrece claves para entender las lógicas que operan tras la formulación del problema, atendiendo a las causas y efectos que se le imputan, sino también para las acciones que se proponen para superarlo. Esta tarea resulta especialmente relevante en un momento en el que, a los intentos de deslegitimar el interés por desigualdades de género desde partidos y lobbies de ultraderecha, se suman las resistencias institucionales a las iniciativas de igualdad (Castaño y Vázquez-Cupeiro, 2023), así como una especie de cuestionamiento constante sobre la naturaleza de los avances, la perspectiva que se adopta (género versus interseccionalidad) o la capacidad transformadora de las políticas públicas. El análisis que se presenta arroja luz respecto a los distintos enfoques y cómo éstos emergen asociados a alternancias de gobierno y por tanto, al igual que se ha identificado respecto a la naturaleza del gasto en educación (Manzano y Salazar, 2009), como resultado de diferencias de carácter ideológico de los diferentes partidos políticos. De igual forma, contribuye a entender cómo se construyen las desigualdades de género en la educación, los objetivos legislativos que se persiguen y las iniciativas que se proponen, y en qué medida éstas últimas están diseñadas para responder a los desafíos que plantea este fenómeno.

LA CONCEPTUALIZACIÓN DE LA (DE)IGUALDAD DE GÉNERO A TRAVÉS DE LA LEGISLACIÓN

La revisión de las distintas leyes de educación y de la legislación que aborda cuestiones de género en las universidades, así como de las aproximaciones académicas al fenómeno, pone de manifiesto cambios en la manera en la se conceptualiza la igualdad de género y, por tanto, en cómo se ha pensado e interpretado este fenómeno. En la década de los setenta, con una escuela marcada por un enfoque tradicional y patriarcal, la igualdad de género no era una prioridad en las políticas educativas y las escasas iniciativas estaban centradas en la educación de las mujeres en roles domésticos y familiares. La Ley General de Educación (LGE 1970) supuso la incorporación masiva de las niñas a la escuela y con ella la posibilidad de adquirir la formación necesaria para incorporarse al mundo laboral. Pero a pesar de ser un primer paso hacia una política educativa democrática, y una apuesta por un modelo igualitario entre niñas y niños, la diferenciación entre educación femenina y masculina respecto a los programas y métodos de enseñanza seguía siendo un foco de desigualdad. En este sentido, como sugiere Ballarín (2008), eliminar del currículo las materias domésticas en lugar de incluirlas a la formación a ambos sexos supuso perder la oportunidad de visibilizar un tipo de trabajo considerado no productivo y vinculado a los cuidados.

Una década más tarde, a pesar de atender de forma explícita otros tipos de discriminación, la Ley Orgánica sobre el Estatuto de los Centros Escolares (1980) no abordó la discriminación sexista. Esta ley, que nunca llegó a entrar en vigor al ser declarada inconstitucional, dio paso a la Ley Orgánica del Derecho a la Educación (LODE 1985); una reforma de corto recorrido en términos de igualdad, que no sólo ignoraba la discriminación por razón de sexo en la admisión del alumnado en los centros públicos, sino también la igualdad entre mujeres y hombres en el contexto de la escuela mixta (Flecha, 2014).

Con la democracia asentada y un movimiento feminista más influyente, la igualdad de género en la educación cobró relevancia en la agenda política. La Ley de Ordenación General del Sistema Educativo (LOGSE 1990), primera reforma que modificó la estructura del sistema educativo (Gomendio, 2023), avanza en la equidad al cobrar protagonismo el principio de igualdad de oportunidades, rechazar la discriminación por razón de sexo e incoporar una referencia explícita a la igualdad de género (Alonso et al, 2023). La educación emerge en la reforma como un instrumento para luchar contra la desigualdad. Se promueven aulas coeducativas y los materiales didácticos tratan de alejarse de los estereotipos de género (Flecha, 2014). También desarrolla una asignatura obligatoria en la Enseñanza Secundaria, *Papeles sociales de mujeres y hombres,* además de iniciar un largo camino hacia la incorporación de un lenguaje no sexista. Pero aunque esta ley promueve la igualdad efectiva de sexos, no habla de género, una circunstancia que se suma a su debilidad como consecuencia de los recortes promovidos por sucesivos gobiernos de corte conservador que, entre otras cuestiones, manifestaban su oposición a extender la escolaridad obligatoria que promulgaba.

Con la Ley Orgánica de Educación (LOE 2006), precursora de la actual, se reconoce la diversidad afectivo-sexual y la necesidad de superar comportamientos sexistas, presentando además el currículum como eje para materializar una escuela coeducativa. Se inicia así la tendencia a incorporar perspectivas específicas en materia de igualdad de género, tales como las acciones para una formación no androcéntrica en todas las áreas curriculares. Esta visión se fortaleció con la Ley Orgánica para la igualdad efectiva de hombres y mujeres (2007), que establece que el sistema educativo está obligado a incorporar el principio de igualdad. Pero la financiación en materia de política educativa supuso un nuevo escollo. Tras un aumento continuado del gasto público en educación desde la década de los ochenta hasta principios de los noventa, cuando se superó el 5,2%, comenzó una etapa caracterizada por una drástica reducción que dio lugar a una disminución del gasto hasta el 4,3%. Al período de más de una década de gobiernos conservadores y recorte del gasto educativo público, le siguió una etapa de legislaturas socialistas que tiene su punto álgido en 2009, cuando el gasto alcanza el 5% (Martínez-Celorrio, 2023).

Años más tarde, la Ley Orgánica para la Mejora de la Calidad Educativa (LOMCE 2013) incorpora un enfoque explícito e integral, además de la necesidad de promover la formación permanente del profesorado, en materia de igualdad de género. Sin embargo, esta reforma fue objeto de muchas críticas al no abogar por una escuela coeducativa, un currículo con perspectiva de género, la diversidad-afectivo sexual o la prevención de la violencia de género. La ley llegó a ser calificada de retrógrada en tanto en cuento legitimaba la educación separada por razón de sexo y la supresión de asignaturas vinculadas a la igualdad de género (Subirats, 2014). El período en el que se enmarcan las dos últimas reformas estuvo además caracterizado por recortes en el gasto educativo; unos recortes que si bien ya habían comenzado con el gobierno de Zapatero se endurecieron cuando, bajo el mandato de Rajoy, se aprobó el Real Decreto 14/2012. Mientras que en Esapaña se producía una reducción del gasto sin precedentes en la escuela pública, países de nuestro entorno sometidos a las mismas reglas de austeridad, como el caso de Portugal, aumentaban el gasto público en todas las etapas educativas. España recortó 2,7 veces más que la media europea en educación primaria y secundaria, y hasta 7,2 veces más en educación terciaria y universitaria entre 2012 y 2018 (Eurydice, 2023). En este sentido, la caída del 6% del gasto educativo entre 2009 y 2018 no sólo afectó a la cualificación y empleabilidad, sino también a la equidad y la igualdad de oportunidades (Martínez, 2022).

La Ley Orgánica de Modificación de la LOE (LOMLOE 2020), actualmente en vigor, supone novedades respecto al compromiso con la igualdad de género. El principio de coeducación articula, de forma continuada y transversal, una enseñanza en igualdad en todas las etapas educativas. Además de formación para el profesorado, se incluyen programas de sensibilización y la promoción de modelos de rol positivos. La ley insta a desarrollar currículos y materiales educativos que fomenten la igualdad de género y la visibilización de las mujeres, y a evitar estereotipos sexistas o discriminatorios. Además, a partir de un abordaje interseccional, se conjuga la lucha contra la desigualdad de género con otras desigualdades de cara, por ejemplo, al reto de la digitalización. Pero la ley deja al margen, entre otras cuestiones, una revisión en profundidad del currículo educativo, cuestiones como el desarrollo de vínculos emocionales o afectivos, y la educación en masculinidades no hegemónicas (Pérez, 2020). A esto se suma la naturaleza de la financiación que, más allá de las limitaciones y posibles resistencias respecto al abordaje de las desigualdades de género, será lo que marque el alcance de la norma. Las políticas educativas de equidad se han visto afectadas tras una larga década de recortes que acabó con un presupuesto de 4,2% en 2018. Desde ese año, y coincidiendo con gobiernos socialistas, el gasto público en educación no ha dejado de aumentar, rozando el 5% y alcanzando el 9,18% del PIB en 2023. Tras procesos de descentralización, la ampliación de la cobertura del sistema y una serie de reformas que se han puesto en marcha sin consenso, España sigue destinando a educación un

32% menos que la media mundial. Así, si bien el objetivo de inversión de la última reforma se ha establecido en el 5%, el 7% que superan Suecia o Dinamarca sigue estando lejos de ser la referencia (Martínez-Celorrio, 2023).

En relación al análisis de la legislación que aborda la desigualdad de género en las universidades, ha predominado un enfoque que sitúa a las mujeres en el centro y que explica su exclusión por una situación de desventaja respecto a sus homólogos masculinos. Esta perspectiva, que tiende a ignorar el papel de las estructuras sociales y educativas, ha ido en consonancia con la dominante en las leyes y en las políticas europeas relativas a la igualdad de género (Booth y Bennett, 2002). En la Ley de Igualdad de 2007 prevalece una interpretación formal de la igualdad, dejándose a un lado la dimensión no-formal y una concepción de igualdad de género más allá de la igualdad de oportunidades o de la no discriminación. Para garantizar la igualdad de oportunidades en el acceso se pone el foco en aumentar la participación de las mujeres en los órganos de toma de decisiones, equiparando su representación a la de los hombres, y abogando por el enfoque de *fix the numbers* para resolver el problema (Schiebinger, 2008; Vázquez-Cupeiro, 2015). Esto se hace, por ejemplo, a través de la legislación relativa a la conciliación, que si bien establece la necesidad de compartir responsabilidades de cuidado (corresponsabilidad), propone medidas como la reducción de horas de trabajo o la consideración del permiso de maternidad en los procesos de selección y promoción, para terminar presentando a las mujeres como cuidadoras. De esta forma, no sólo no aborda la igualdad de género como una cuestión estructural, sino que ignora la necesidad de reconocer a ambos, mujeres y hombres, como agentes cuidadores atendiendo a las necesidades resultantes, por ejemplo, de la nueva morfología de las familias.

Se ha sugerido que mientras que el enfoque consistente en presentar la igualdad de género como una cuestión de las mujeres emerge respecto al diagnóstico, la perspectiva de género, que abunda en presentar el fenómeno como una cuestión estructural, emerge poco a poco asociada a las iniciativas (Tildesley et al., 2023). En este sentido, la Ley de Igualdad (2007), así como la Ley de Universidades y la Ley de la Ciencia, han impulsado la institucionalización de las políticas de igualdad de género en las universidades públicas para reducir las brechas entre mujeres y hombres. Pero si bien se han creado Unidades de Igualdad con el propósito de desarrollar planes e iniciativas, e incorporar la perspectiva de género, éstos organismos carecen del poder y recursos necesarios. Las Comunidades Autónomas, que han puesto en marcha múltiples políticas de igualdad de género, lo han hecho a menudo con enfoques dispares y la dispersión de recursos (Castaño ct al., 2023). Las universidades siguen estando generizadas y marcadas por unas desigualdades, respecto al alumnado y al profesorado, que se manifiestan en la distribución de puestos de poder, tareas y áreas de conocimiento (EC, 2024; Castaño et al., 2017). Las limitaciones asociadas a la adopción del enfoque de género, unidas a la complementariedad con la que emerge la estrategia del mainstreaming de género y la ausencia de monitorización de las medidas, son algunos de los factores clave para entender las limitaciones respecto a la puesta en marcha de intervenciones de igualdad (Palmén et al., 2019) y su potencial transformador.

A MODO DE CONCLUSIÓN

Las desigualdades no han ocupado un papel central en los grandes debates educativos en España (Alonso et al, 2023) y se podría decir que las desigualdades de género han sido consideradas como un problema social menor vinculado a la política educativa. Esta circunstancia no es consecuencia de la escasa magnitud del fenómeno, sino más bien de la manera en la que se ha construido. En este sentido, resulta evidente la limitada capacidad de maniobra de las académicas feministas, no tanto para enunciar e interpretar este problema social, sino para visibilizarlo e incorporarlo al debate público (Tildesley et al., 2023), poniendo de manifiesto el complejo proceso que conlleva la transferencia de la investigación a las políticas públicas. Estas circunstancias, que se producen en un contexto histórico en el posiblemente no se daban las condiciones idóneas para su efectiva problematización, nos permiten entender las dificultades relativas a la institucionalización del fenómeno, y por tanto a su reconocimiento y gestión por parte de las instituciones públicas. Desde esta perspectiva, y pese a los esfuerzos para incluir el problema en la agenda de la política educativa, las desigualdades de género no se han consolidado como problema social central y emergen, a través de la legislación, como un fenómeno al margen de los grandes temas de la escuela.

La revisión de las distintas reformas educativas, con el foco puesto en el papel de la igualdad de género, pone también de relieve una evolución significativa respecto a la forma de conceptualizar el problema. La igualdad de género se ha abordado a partir de enfoques y recomendaciones que se sustentan en distintas conceptualizaciones ideológicas. Por ejemplo, frente a la LGE (1970) y la LOMCE (2013), que son reformas meritocráticas con énfasis en la excelencia, la LOGSE (1990) y la LOMLOE (2020) se presentan como reformas comprehensivas con énfasis en la equidad (Alonso et al, 2023). En este sentido, se observan avances y retrocesos en el abordaje y en las medidas planteadas, así como cambios sustantivos en los modos de aprehender esta dimensión; un análisis que permite concluir que la construcción de significados respecto a la igualdad de género ha sido diversa. Ballarín (2004) sugiere que las diferencias de género en educación se han abordado en las políticas educativas en función de si persiguen construir/ promover diferencias de género, legitimarlas, ignorarlas o corregirlas. De acuerdo con la autora, mientras que la LGE (1970) ignora las diferencias, la LOGSE (1990) reconoce las desigualdades derivadas de las diferencias y trata de corregirlas, y la Ley Orgánica de Calidad en Educación (2002) vuelve a no reconocer las diferencias y, en consecuencia, las mantiene. Siguiendo la clasificación, la LOE (2006) no sólo reconoce las desigualdades de género sino que trata de corregirlas y, posteriormente, la LOMCE (2013) plantea la necesidad de promover la igualdad de género a través de medidas controvertidas al ignorar un modelo de escuela coeducativa.

Podría decirse que se ha pasado de una visión casi inexistente y centrada en las oportunidades formales, en la década de los setenta, a otra que al poner el foco en la socialización de género, la reproducción de estereotipos y roles sociales en la escuela, conlleva un giro significativo aunque insuficiente (Subirats, 2017). Más recientemente, transitando en paralelo a la creciente conciencia social sobre la importancia de la igualdad de género en la educación, la LOMLOE (2020) hace emerger un enfoque más integral y comprometido. No obstante, si bien se apuesta por la igualdad, aunque no se incorpora una perspectiva de género comprensiva, el alcance de la ley está por determinar dado que no parece ir acompañada de una política económica que dote los recursos necesarios para su correcta puesta en marcha y monitorización sucesiva. Algo similar ocurre en el caso de las universidades, donde la necesidad de mejorar su financiación se plantea como una prioridad estratégica (Álvarez et al., 2023). Sin embargo, a la brecha generada por los recortes presupuestarios como consecuencia de las crisis de la deuda, y la mayor participación del sector privado en el total del gasto en la educación superior respecto al promedio de los países de la OCDE, se suma el hecho de que la cantidad que España dedica al gasto educativo es un 20,7% inferior al promedio (OECD, 2023).

Las grandes reformas educativas presentan particularidades respecto a la concepción de las desigualdades de género en la escuela, aunque también es posible identificar consensos y continuidades en torno al fenómeno. En términos generales, el concepto de igualdad de género emerge asociado al derecho de acceso a la educación: niñas y niños deben tener las mismas posibilidades de acceso. El problema de las desigualdades de género tienden a "resolverse" tratando al todo el alumnado por igual, en lugar de conectar igualdad, equidad y justicia social, planteando que niñas y niños deberían ser tratados de manera equitativa o justa según sus circunstancias. Pero la igualdad de oportunidades no garantiza ni un punto de partida ni unos resultados iguales. El planteamiento apuntala la lógica de unas desigualdades determinadas por esfuerzos individuales y, por tanto, se proponen iniciativas dirigidas a las niñas/mujeres, obviando que el vínculo analítico-conceptual entre género, igualdad y educación vá más allá del acceso, y que la escuela tiene un papel clave respecto a las oportunidades sociales creadas y la (re)produción de las desigualdades de género (Vázquez-Cupeiro, 2015).

En el debate académico sobre la desigualdad de género en la escuela, habitualmente conectado a los enfoques de igualdad, equidad y justicia social, la educación se presenta como un derecho social. Desde este marco adquiere protagonismo la perspectiva de los derechos humanos como garantía de derechos educativos independientemente de cuestiones de género. La justicia social se entiende como el mecanismo fundamental para reducir desigualdades y las políticas de equidad como herramientas clave para ello. En este sentido, el recorte del gasto educativo conlleva una involución en lo que se refiere al impacto redistributivo y equitativo. Atendiendo a que la educación es un motor de crecimiento y una herramienta para reducir las desigualdades (Hernández de Cos, 2024), en España, como en el resto de los países de nuestro entorno, el gasto educativo procede principalmente del presupuesto público. Esta intervención en materia educativa está justificada no sólo por la relevancia de la educación sobre la economía, sino también por la necesidad de corregir los fallos de mercado en términos de eficiencia y equidad, así como por el papel que cumple al promover la igualdad de oportunidades y la cohesión social. Cerrar las brechas de género en la escuela y garantizar la igualdad abunda, como concluye el Global Gender Gap Report 2023, en el desarrollo social y económico. Pero a pesar del consenso respecto al diagnóstico, la educación es un terreno de batalla en el que las fuerzas políticas no han logrado un pacto de estado que permita proyectar un modelo de escuela cuyo principal objetivo sea reducir las desigualdades educativas y de género.

El gasto educativo es condición necesaria para reducir las desigualdades, pero no resulta suficiente, y más allá de lo que se gasta es relevante cómo se gasta (Montes-Pineda et al., 2022). Las decisiones sobre el gasto educativo deben priorizarse atendiendo al carácter complejo y acumulativo, ligado a las desigualdades sociales, del fenómeno de las desigualdades de género en la escuela. Pero la legislación tiende a no explicitar la raíz estructural del fenómeno, evitando así promover iniciativas integrales y que se trasladen a las políticas públicas. Su abordaje requiere incorporar a la ecuación las desigualdades de género de proceso y de resultado; una perspectiva que conlleva una concepción de igualdad de género más amplia, que pone la atención en las instituciones escolares, ubicadas en un contexto social específico, como (re)productoras de desigualdades estructurales. Desde este prisma, el reto es entender que estamos ante uno de los grandes problemas sociales y que reducir las desigualdades de género en la escuela, más allá de acciones dirigidas a las mujeres, conlleva adoptar un enfoque estratégico dirigido a cuestionar la naturaleza del conocimiento y a promover cambios estructurales en las instituciones escolares y la sociedad en su conjunto.

REFERENCIAS BIBLIOGRÁFICAS

Alonso, C.; García-Arnau, A.; Vázquez-Cupeiro, S. (2023) ¿Qué es la desigualdad educativa? Divergencias y continuidades en las grandes reformas educativas en España. Archivos Analíticos de Políticas Educativas 31(81).

Ballarín, P. (2008) Género y políticas educativas. XXI Revista de educación 6: 35-42.

Ballarín, P. (2008) Retos de la escuela democrática desde una perspectiva feminista. En R.Cobo (ed.). Educar en la ciudadanía. Perspectivas feministas. Catarata.

Blumer, H. (1971) Social problems as collective behavior. Social problems 18(3):298-306.

Booth, C.; Bennett, C. (2002) Gender mainstreaming in the European Union: Towards a new conception and practice of equal opportunities? European Journal of Women's Studies 9(4):430-446.

Castaño, C.; Vázquez-Cupeiro, S. (2023) Resistance and counter resistance to gender equality policies in Spanish universities. Papers 108(2)e3105:1-25.

Castaño, C.; Vázquez-Cupeiro, S.; Martínez-Cantos J.L. (2019) Gendered management in Spanish universities: Functional segregation among vice-rectors, Gender and Education 31(8): pp.966-985.

European Commission (2024) She Figures 2024. EU. https://shorturl.at/Txwxt

Eurydice (2023) Gasto público en educación por actividad educativa en las Administraciones educativas. España-REDIE https://shorturl.at/36eup

Flecha, C. (2014) Desequilibrios de género en educación en la España contemporánea: causas, indicadores y consecuencias. Áreas. Revista Internacional de Ciencias Sociales, 33:49-60.

Álvarez, M. et al. (2023) Informe CYD 2023. Fundación Conocimiento y Desarrollo

Gomendio, M. (2023). "The Level of Skills in Spain: How to Solve the Puzzle using International Surveys." FEDEA, Estudios sobre la Economía Española N. 2023-35.

Hernández de Cos, P. (2024) La educación como motor de crecimiento y reducción de la desigualdad. Retos de futuro. Jornada de FAD Juventud Madrid

Manzano, D.; Salazar, L. (2009) ¿Es la inversión pública en educación una política redistributiva? Revista Internacional de Sociología 67(3):655-679.

Martínez, J. (2022) La evolución de la inversión educativa entre 2009 y 2018. 10 años de retroceso en España. Federación de Enseñanza de CCOO.

Martínez-Celorrio, X. (2023) Las diferencias entre gobiernos de izquierdas y de derechas ante la educación española (1982-2023). En VV.AA. Había alternativa: nueva crisis, distinta respuesta, (pp.123-149), N.14 Fundació Rafael Campalans.

Montes-Pineda, O.; López, F. (2022) Gasto y políticas educativas en España. EduPsykhé 19(1): 1-34.

OECD (2023) Education at a Glance 2023: OECD Indicators. Paris.

Palmén, R.; Schmidt, E. (2019) Analysing facilitating and hindering factors for implementing gender equality interventions in R&I: Structures and processes. Evaluation and Program Planning 77.

Pérez, P. (2021) Análisis de las leyes educativas españolas desde una perspectiva de género. En L. Álvaro; C. Hamodi (eds.) Género y Educación. Escuela, educación no formal, familia y medios de comunicación (pp. 26-31). Dykinson.

Schiebinger, L. (2008) Gendered Innovations in Science and Engineering. Stanford University Press.

Subirats, M. (2017). Coeducación, apuesta por la libertad. Barcelona: Octaedro

The Global Gender Gap Report 2023. World Economic Forum. https://shorturl.at/s4Rau

Tildesley, R.; La Barbera, C.; Lombardo, E. (2023) What use is the legislation to me? Gender, Work and Organization 30(6):1996-2013.

Vázquez-Cupeiro, S. (2015) Ciencia, estereotipos y género: una revisión de los marcos explicativos. Convergencia 22(68):177-202.

Capítulo 9.

Políticas educativas para mitigar la desigualdad de género en el campo laboral en el periodo 2012-2024 en México

ANGÉLICA BEATRIZ CONTRERAS CUEVA
NANCY MARICELA GONZÁLEZ ROBLES
Universidad de Guadalajara

PROBLEMAS EN LA ECONOMÍA PAÍS

La desigualdad de género en el campo laboral ha sido una problemática persistente en México. Esta problemática limita las oportunidades de desarrollo laboral de las mujeres que afecta el crecimiento económico del país. A lo largo de los años, se han implementado diversas políticas con el objetivo de mitigar estas disparidades, reconociendo que la educación es un pilar fundamental para la equidad de género. Este artículo examina las políticas educativas adoptadas durante los gobiernos de Enrique Peña Nieto (2012-2018) y Andrés Manuel López Obrador (2018-2024), analizando su impacto en la reducción de la brecha de género en el mercado laboral. A través de un análisis detallado de los Planes Nacionales de Desarrollo (PND) y otras iniciativas clave, se exploran, además, las estrategias implementadas para enfrentar este desafío y se evalúa su efectividad en la promoción de una mayor igualdad de oportunidades para las mujeres en México.

A pesar de que las mujeres han alcanzado niveles educativos similares o incluso superiores a los de los hombres, continúan enfrentando obstáculos significativos en el acceso y la permanencia en el mercado laboral, así como en la equidad salarial. En este sentido, menos del 50% de las mujeres en edad de trabajar, en México, participan en el mercado laboral, mientras que 60% de las que trabajan lo hacen en empleos informales, con escasa seguridad social y salarios reducidos. (Frey et al., 2018)

La participación de las mujeres en el mercado laboral y el consecuente trabajo remunerado es un indicador fundamental de igualdad de género. Según datos de la Organización para la Cooperación y el Desarrollo Económicos (OCDE), en México, sólo el 47.3% de las mujeres entre 15 y 64 años tiene un empleo remunerado. Esta tasa de participación está por debajo del promedio de América Latina y es la más baja en el listado de la OCDE, sólo por encima de Turquía. (Altamirano, 2020).

La ocupación en el mercado laboral está asociada con la posibilidad para las mujeres de alcanzar independencia financiera y contribuir a una cuenta de ahorro para el retiro. Además, los hogares con doble ingreso tienen una mayor probabilidad de situarse por encima de la línea de pobreza y son menos vulnerables a la pérdida del empleo de alguno de los miembros de la familia. (Altamirano, 2020).

Según la Cámara de Diputados (2001), la participación de las mujeres en el mercado laboral en México ha evolucionado. En los años sesenta, el crecimiento fue lento, limitado a mujeres jóvenes y preparadas, contribuyendo al desarrollo de la clase media. En los ochenta, aumentó rápidamente con la incorporación de mujeres mayores, con hijos y baja escolaridad, lo que ayudó a reducir la pobreza. Hacia finales del siglo, su participación laboral se duplicó, pero aunque ha surgido una cultura hacia la equidad, esta no se refleja plenamente en el ámbito empresarial, limitando el aprovechamiento de su potencial en el país.

Entre 2012 y 2024, la desigualdad de género y la brecha salarial en el mercado laboral persistieron. Las mujeres siguieron subrepresentadas en puestos de liderazgo y sectores mejor remunerados, como tecnología e ingeniería. Según la OCDE, en 2018, la diferencia salarial entre hombres y mujeres con el mismo nivel educativo era del 16%. La pandemia de COVID-19 en 2019 agravó esta desigualdad, ya que muchas mujeres enfrentaron una doble carga de trabajo. A pesar de que la participación femenina es vital para el crecimiento económico, persisten obstáculos, como la responsabilidad de cuidado y la discriminación. En México, siete de cada diez mujeres trabajadoras son madres y el 58% de ellas está en la informalidad, con menos acceso a seguridad social y menores ingresos (IMCO, 2023).

Asimismo, las madres son más propensas a pausar sus carreras profesionales de manera temporal por motivos personales en comparación con los hombres. De acuerdo con la encuesta del IMCO sobre crecimiento profesional con perspectiva de género realizada en 2023, el 51% de las madres respondieron haber pausado su carrera profesional en comparación con 25% de las mujeres sin hijos. Con respecto a los hombres, esta proporción disminuye a 20% y 21%, respectivamente. (IMCO, 2023).

Bajo este contexto, se reconoce que los gobiernos deben implementar políticas que garanticen la formación, profesionalización y la inclusión de las mujeres en el mercado laboral con empleos de calidad y bien remunerados, además de establecer programas sociales dirigidos al cuidado infantil que garanticen a las madres trabajadoras espacios especializados para el cuidado de los niños, y establecer programas para generar una mayor equidad entre hombres y mujeres.

Las políticas públicas son clave para mejorar las oportunidades y reducir la desigualdad que afecta a las mujeres. Según el World Bank Group (2024), las mujeres cuentan con menos de dos tercios de los derechos de los hombres en temas como acceso a servicios de cuidado infantil y protección contra la violencia, lo cual limita su acceso al mercado laboral. El informe también revela que, aunque 98 economías han implementado igualdad de remuneración, solo 35 han adoptado medidas de transparencia para abordar la brecha salarial. El Banco Mundial (2020) afirma que, si las mujeres participaran en igualdad de condiciones que los hombres, el ingreso per cápita aumentaría en un 22%, impulsando la productividad y el PIB entre un 15% y 25% a largo plazo, favoreciendo el desarrollo sostenible.

La educación ha impulsado la participación femenina en el mercado laboral, reduciendo la desigualdad de género al empoderar a las mujeres con herramientas para integrarse plenamente en la sociedad y la economía. Para mitigar esta desigualdad y favorecer el crecimiento sostenible, es necesario implementar políticas que promuevan cambios culturales que faciliten el acceso de las mujeres a la educación y al mercado laboral, incluyan el acceso a guarderías, promuevan la igualdad salarial, y apoyen el emprendimiento femenino.

DISEÑO DE LA POLÍTICA ECONÓMICA

El Plan Nacional de Desarrollo (PND) es el documento que se elabora en México al inicio de cada periodo de gobierno para definir las prioridades, objetivos, estrategia y políticas públicas que orientarán el desarrollo del país durante el periodo. El análisis para identificar las políticas educativas destinadas a mitigar la desigualdad de género en el campo laboral se realizó tomando como base los Planes Nacionales de Desarrollo (PND) de los dos últimos periodos de gobierno en México: el de Enrique Peña Nieto (2012-2018) y el de Andrés Manuel López Obrador (2018-2024). Durante estos periodos, la política económica en México experimentó cambios significativos. El gobierno de Peña Nieto implementó una serie de reformas estructurales que, en gran medida, se alinearon con principios neoliberales, promoviendo la liberalización económica, la reducción del papel del Estado en la economía y el fomento del libre mercado. En contraste, el gobierno de López Obrador criticó el modelo neoliberal y propuso un cambio de rumbo hacia lo que llamó un modelo de "economía moral" o "posneoliberal", centrado en una transformación profunda del país.

El PND 2013-2018 se estructuró en torno a cinco metas nacionales, tres estrategias transversales y un conjunto de objetivos y estrategias específicas que en general se orientaron a mejorar la calidad de vida de los mexicanos, impulsar el crecimiento económico y fortalecer la posición de México en el ámbito internacional.

Una de las cinco metas nacionales llamada México Incluyente, estubo dirigida a promover entre otros aspectos, la igualdad de oportunidades implementando políticas públicas orientadas a reducir las brechas de género en el mercado laboral, la educación y en otros ámbitos, como fueron:

a) La Reforma Laboral (2012), en la que se implementaron reformas para promover la igualdad de oportunidades en el empleo, como la prohibición explícita de la discriminación por razón de género, embarazo, estado civil, o responsabilidades familiares.

b) Estrategia Nacional para la Igualdad de Oportunidades y No Discriminación contra las Mujeres (PROIGUALDAD) en la que se establecieron programas de capacitación y apoyo al emprendimiento femenino.

c) Reforma educativa (2013), se centró principalmente en la educación básica y media, su enfoque en la profesionalización docente y la evaluación de la calidad educativa también benefició a las mujeres con educación superior, especialmente a aquellas involucradas en la docencia. Los programas de Inclusión y Equidad Educativa continuaron con becas y apoyos específicos para mujeres en áreas de estudio tradicionalmente dominadas por hombres, como las ciencias, tecnología, ingeniería y matemáticas.

d) Se continuó con el programa de estancias infantiles implementado en gobiernos anteriores, para apoyar a madres trabajadoras, este programa está dirigido a las madres, padres solteros, tutores o cuidadores principales que trabajen, busquen empleo o estudien, que cuiden al menos a un niño entre 1 año y antes de cumplir los 4 años, y en el caso de niños con discapacidad entre 1 año y antes cumpliendo 6 años. Este programa atendió alrededor de medio millón de niños entre 2012 y 2017, con un incremento a 515, 795 en 2015. (Altamirano, 2020).

Por otra parte, la estrategia transversal del PND sobre la persepectiva de género, se establecio con la finalidad de que todos los programas de las dependencias y entidades de la administración pública, y acciones del gobierno deberán contribuir a eliminar deigualdades de género, corregir procedimientos y métodos de trabajo e impulsar tendencias de cambio social, en todos lo ambitos de la vida pública y privada. En la educación se implememento la persepctiva de género en la curricula, se otorgaron becas y programas de apoyo para niñas y mujeres, se establecieron prootocolos contra el acoso escolar, se fomento la participacion de las niñas en la ciencia y la tecnología.

El Plan Nacional de Desarrollo (PND) 2019-2024 se estructuró en tres ejes generales, tres principios rectores y tres estrategias transversales, enfocadas en mejorar la calidad de vida, impulsar el crecimiento económico y fortalecer la posición de México. Dos principios centrados en la desigualdad son la Justicia Social e Inclusión, y el Estado como garantía de bienestar social, promoviendo igualdad en educación y género. Programas como las Becas Benito Juárez y Elisa Acuña apoyan la educación de niñas y mujeres, especialmente en STEM, mientras que PRONAFIN fomenta el emprendimiento femenino. Además, se promueven políticas que garantizan acceso equitativo a oportunidades para todos.

EJECUCIÓN DE LA POLÍTICA ECONÓMICA Y RESULTADOS

Durante el periodo del 2013 a 2018, la educación fue una de las prioridades, con la implementación de la Reforma Educativa 2013. Sin embargo, el presupuesto destinado a la educación no fue constante, la inversión en educación disminuyó tanto en términos absolutos como relativos al PIB, es decir, se asigno menos dinero en total y en proporción al tamaño de la economía del país.

La Reforma Educativa de Peña Nieto enfrentó resistencias, especialmente en sectores sindicales, lo que limitó su implementación plena. Sin embargo, se lograron avances en la cobertura educativa y en la inclusión de niñas en educación secundaria y preparatoria.

Además, la administración de Peña Nieto incluyó en su agenda social el desarrollo de políticas integrales para reducir las desigualdades de género, la falta de un enfoque que considerara las distintas etapas de la vida de las mujeres dificultó la coordinación efectiva entre las políticas sociales.

Aunque el gobierno federal enfatizó un enfoque de género en el PND 2012-2018, su aplicación fue limitada, centrando la perspectiva femenina en la maternidad y el trabajo doméstico, sin abordar temas como la desigualdad de género en protección social y la socialización de los cuidados. Entre 2019 y 2024, aunque la inversión en educación aumentó levemente, no alcanzó niveles previos. Se priorizaron becas y la creación de universidades públicas, en lugar de una inversión educativa global. La tasa de alfabetización mejoró ligeramente, y el nivel de escolaridad promedio subió a 10.1 años en 2024, reflejando más personas terminando la educación básica y media superior.

Por otro lado, las políticas de López Obrador mostraron un enfoque más directo en la reducción de la desigualdad de género. El incremento en la matrícula femenina en carreras STEM y el aumento en el número de mujeres emprendedoras que accedieron a financiamiento fueron resultados tangibles de estas políticas.

En este aspecto, de acuerdo con datos de IMCO (2023). solo tres de cada 10 profesionistas en STEM son mujeres y se destaca que, en todos los estados, las mujeres en carreras STEM tendrían que aumentar en al menos 71% para alcanzar un nivel similar al de los hombres. Las entidades en donde se ha cerrado más la brecha han observado mayor productividad y proveen mejores condiciones laborales para la participación de las mujeres. En 2022 se registraron 494 mil 753 mujeres y 996 mil 519 hombres que estudian algún programa STEM a nivel nacional. Aunque en los últimos 10 años la cifra aumentó en cuatro puntos porcentuales, el ritmo de crecimiento en la matrícula ha sido insuficiente (4.4% anual). (IMCO, 2023).

De las políticas educativas implementadas en México entre 2012 y 2024 se puede concluir que ambos periodos han intentado priorizar la educación sin embargo el contexto económico fue distinto, la administración de Peña Nieto enfrento una desaceleración económica, que llevo a recortes en varios sectores incluso al de educación, por su parte el periodo de López Obrador ha priorizado la austeridad, pero ha intentado mantener la inversión en educación. Las políticas educativas de ambos gobiernos, aunque con enfoques diferentes, han contribuido a mantener la alfabetización en un nivel alto. Sin embargo, se mantienen desafíos en términos de reducir las brechas en poblaciones vulnerables, lo que requiere un enfoque sostenido y específico en las políticas futuras.

Por otra parte, se a lo largo de estos 12 años se evidencia un esfuerzo constante por reducir la desigualdad de género en el ámbito laboral. Aunque se lograron avances en la inclusión educativa y en el empoderamiento de mujeres en sectores estratégicos, los resultados en términos de equidad laboral fueron limitados. Esto pone de manifiesto la necesidad de un enfoque más integral que combine la educación con políticas laborales, de protección social y de sensibilización cultural para lograr una verdadera igualdad de género en el mercado laboral mexicano.

A manera de reflexión es posible establecer que las políticas del sexenio de Enrique Peña Nieto mostraron limitaciones en su alcance debido a su enfoque asistencialista y a la falta de un marco integral que considerara el ciclo de vida de las mujeres. Por su parte, las políticas bajo la administración de Andrés Manuel López Obrador intentaron redefinir la agenda social y educativa hacia un modelo más inclusivo, pero los desafíos persistieron, especialmente en la transformación estructural necesaria para garantizar una verdadera equidad en el acceso y las condiciones laborales de manera radical y sostenida.

Finalmente, si bien las políticas educativas implementadas durante los dos periodos analizados han contribuido a sensibilizar sobre la importancia de la igualdad de género, su impacto en la reducción efectiva de las desigualdades en el ámbito laboral ha sido limitado. Se reafirma entonces que es crucial que futuras iniciativas se enfoquen en una estrategia integral que no solo contemple la educación como una herramienta de empoderamiento, sino que también aborde las barreras estructurales y culturales que continúan perpetuando la desigualdad de género en México.

Tabla 1. Indicadores macroeconómicos vinculados con la educación de México (2013-2018)

	2013	2014	2015	2016	2017	2018
PIB destinado a la educación (miles de millones dólares)	4.6	5.2	5.2	4.9	4.5	4.3
Tasa de alfabetización	94	95	94	95	95	95
Nivel de educación promedio	8.9	9	9.2	9.3	9.4	9.5

(2019-2024)

	2019	2020	2021	2022	2023	2024
PIB destinado a la educación (miles de millones dólares)	4	4.6	4.2	4.3	4.4	4.4
Tasa de alfabetización	95	95	95	96	96	96
Nivel de educación promedio	9.6	9.7	9.9	9.9	10	10.1

Fuente: Banco Mundial [BM]. (2023). *Indicador. Gasto público en educación*
Banco Mundial [BM]. (2023). *Indicador. Tasa de alfabetización*
Secretaria de Educación Pública [SEP]. Principales Cifras

REFERENCIAS

Altamirano, M. (2020). Política social e igualdad de género en México, 2012-2018. https://www.scielo.org.mx/scielo.php?script=sci_arttext&pid=S0185-013X2020000200755

Banco Mundial (2020). La Participación Laboral de la Mujer en México. https://documents1.worldbank.org/curated/en/753451607401938953/pdf/La-Participacion-Laboral-de-la-Mujer-en-Mexico.pdf

Banco Mundial (2021). COVID-19 y el mercado laboral de América Latina y el Caribe: impactos diferenciados por género. Banco Mundial. https://documents1.worldbank.org/curated/en/228601614807224809/pdf/The-Gendered-Impacts-of-COVID-19-on-Labor-Markets-in-Latin-America-and-the-Caribbean.pdf?_gl=1*1mmf6v8*_gcl_au*MTg1NDE3ODY4NC4xNzI0MDk5NzQ3

Banco Mundial [BM]. (2023). *Indicador. Gasto público en educación, total (% del PIB).* https://datos.bancomundial.org/indicador/SE.XPD.TOTL.GD.ZS

Banco Mundial [BM]. (2023). *Indicador. Tasa de alfabetización, total de adultos (% de personas de 15 años y más).* https://datos.bancomundial.org/indicador/SE.ADT.LITR.ZS

CEPAL (2020). La Pandemia de COVID-19 Profundiza la Crisis de los Cuidados y Amenaza con Revertir los Logros en Materia de Igualdad de Género. Comisión Económica para América Latina y el Caribe. https://repositorio.cepal.org/server/api/core/bitstreams/c2424803-6a63-4f96-89fb-3d89b654476d/content

Frey, V. et al. (2018). Hacia una mayor igualdad de género. OECD. https://www.google.com/url?sa=t&source=web&rct=j&opi=89978449&url=https://www.oecd-ilibrary.org/hacia-una-mayor-igualdad-de-genero_5j8sk9903dnr.pdf%3FitemId%3D%252Fcontent%252Fcomponent%252F9789264292871-8-es%26mimeType%3Dpdf&ved=2ahUKEwiemJKzwZqIAxWEL0QIHYZ6KZ4QFnoECBIQAQ&usg=AOvVaw136F0eYuNDXUMdQ6Q6Cdpo

Gobierno de México (2019). Estrategia Nacional de Inclusión Educativa. Secretaría de Educación Pública. https://educacionespecial.sep.gob.mx/storage/recursos/2023/05/xohXIUytDa-Zacatecas_LGOSEE_2019.pdf

Honorable Cámara de Diputados. (2001). Plan Nacional de Desarrollo 2001-2006. Diario Oficial de la Federación. https://www.diputados.gob.mx/LeyesBiblio/compila/pnd/PND_2001-2006_30may01.doc

IMCO. (2023). Encuesta sobre el crecimiento Profesional #ConLupaDeGénero. https://imco.org.mx/encuesta-sobre-el-crecimiento-profesional-conlupadegenero/

IMCO. (2023). Las madres en el mercado laboral. https://imco.org.mx/las-madres-en-el-mercado-laboral/

IMCO. (2023). Mujeres en STEM en los estados. https://imco.org.mx/mujeres-en-stem-en-los-estados/

INEGI (2017). Encuesta Nacional de Ocupación y Empleo (ENOE). Instituto Nacional de Estadística y Geografía.

INEGI (2021). Estadísticas a propósito del Día Internacional de la Mujer: Participación de las mujeres en la economía. Instituto Nacional de Estadística y Geografía. https://www.inegi.org.mx/contenidos/saladeprensa/aproposito/2021/mujer2021_Nal.pdf

OCDE (2017). The Pursuit of Gender Equality: An Uphill Battle. Organización para la Cooperación y el Desarrollo Económicos. https://www.oecd-ilibrary.org/docserver/9789264281318-en.pdf?expires=1724804494&id=id&accname=guest&checksum=ED5B97A2B0C3A455E78FFB332D9F838A

OECD (2020). Education at a Glance 2020. Organización para la Cooperación y el Desarrollo Económicos. https://read.oecd-ilibrary.org/education/education-at-a-glance-2020_69096873-en#page1

SEP. (2022-2023) Principales cifras, Dirección General de Planeación, Programación y Estadística Educativa (https://www.planeacion.sep.gob.mx/Doc/estadistica_e_indicadores/principales_cifras/principales_cifras_2022_2023.pdf

SEP (2013). Programa Sectorial de Educación 2013-2018. Secretaría de Educación Pública. https://www.sep.gob.mx/work/models/sep1/Resource/4479/4/images/PROGRAMA_SECTORIAL_DE_EDUCACION_2013_2018_WEB.pdf

World Bank Group (2024) Women, Business and the Law 2024. https://wbl.worldbank.org/en/reports

Capítulo 10.

Acoso escolar en España y su relación con el rendimiento académico y la salud mental

GISELA RUSTEHOLZ
MAURO MEDIAVILLA
Departament d'Economia Aplicada, Universitat de València & EVALPUB

INTRODUCCIÓN Y MOTIVACIÓN

En la actualidad, el acoso escolar sigue siendo un problema prevalente y alarmante en las instituciones educativas de todo el mundo. Según el informe "*Behind the Numbers: Ending School Violence and Bullying*" de la UNESCO, publicado en 2021, aproximadamente uno de cada tres estudiantes había sido víctima de algún tipo de acoso escolar en algún momento de su vida escolar. Además, se observa que el 23% de los estudiantes de educación primaria y secundaria habían sido intimidados al menos una vez al mes.

Asimismo, la prevalencia no es similar entre las regiones o continentes. El Gráfico 1 muestra el porcentaje de estudiantes que han sido victimizados por sus pares según la región en la que vivan. Como se puede observar, Europa y Centroamérica, incluido el Caribe, tienen una prevalencia de 1 de cada 4 estudiantes víctima de acoso escolar, mientras que la prevalencia en África o en el Medio Oriente, es de 1 de cada 2 estudiantes, aproximadamente.

La Organización de Cooperación y Desarrollo (OCDE) es la encargada de efectuar una de las evaluaciones internacionales más importantes a nivel educativo, la prueba PISA, que incluye una serie de cuestionarios de contexto en los cuales también se pregunta a los estudiantes sobre su exposición a acciones negativas por parte de sus compañeros. En PISA 2018, informaba que los estudiantes que reportaron haber sido víctimas de acoso escolar alcanzaba el 23% en la OCDE, coincidiendo con los datos de UNESCO (OCDE, 2019). En PISA 2022, la última evaluación, su estimación descendió a 20% para aquellos que reportaron ser victimizados al menos algunas veces al mes (OCDE, 2023). El índice de alumnos frecuentemente victimizados construido por esta organización se ha reducido a nivel global entre 2018 y 2022, pero es posible que este descenso se deba, en parte, al período de referencia analizado, el cual coincidió con algunas de las medidas de distanciamiento social por el Covid-19, y por el tratamiento superficial de las dinámicas de acoso escolar virtual con la que se ha diseñado el cuestionario de PISA 2022. A pesar de los descensos globales, PISA 2022 enfatiza en el carácter generalizado del fenómeno.

Gráfico 1. Acoso Escolar por Regiones, 2021.

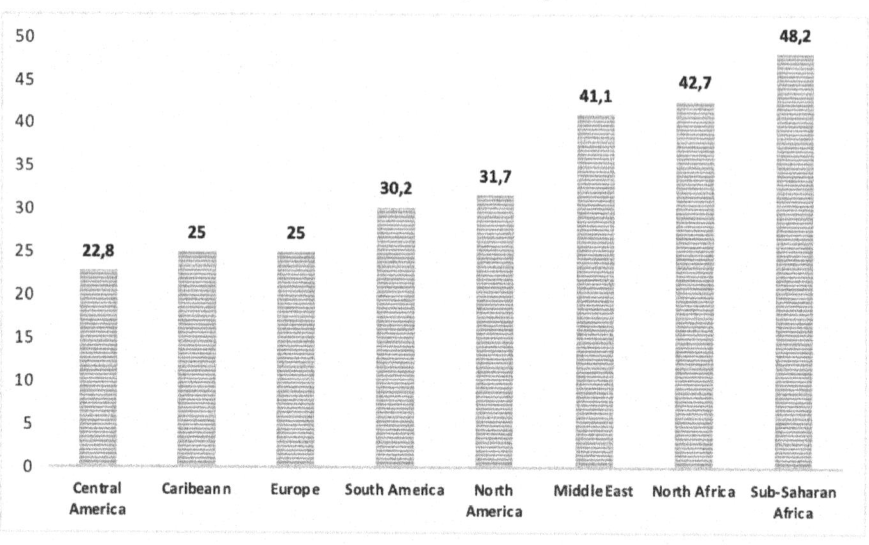

Fuente: Elaboración propia a partir de datos de UNESCO (2023).

En cuanto al acoso escolar virtual o *cyberbullying*, el avance tecnológico y la creciente conectividad global han transformado las dinámicas de interacción entre los estudiantes, extendiendo el acoso escolar también al ámbito digital a medida que la tecnología se ha masificado. UNICEF (2024) indicó que al menos un tercio de los jóvenes de 30 países reportan haber sido víctimas de acoso en la red y que un 20% ha faltado a clases debido a situaciones de acoso escolar virtual (UNICEF, 2024), estadísticas que ilustran la importancia que tiene este tipo de acoso en las dinámicas escolares.

En lo que respecta a España, siguiendo los datos de PISA 2022, la prevalencia habría caído entre 2018 y 2022, del 17% al 6,5% (OCDE, 2023). Dado que para el mismo momento temporal (2022), la Fundación ANAR informó que el valor estaba en 11,8%, los resultados de PISA deberían tomarse con cautela. Aun así, hay que resaltar que hay una alta disparidad territorial en cuanto a prevalencia, como se puede ver en la Figura 1, con Comunidades Autónomas con más de un 10% de estudiantes victimizados. Las Comunidades Autónomas con mayor prevalencia son Islas Canarias,

Catalunya, y las dos ciudades autónomas (Ceuta y Melilla), mientras que las que tiene menor prevalencia son La Rioja, Castilla y León, Navarra, País Vasco y Madrid.

De la Figura 1 también se desprende la misma conclusión que ya indicaba PISA 2022. En las aulas españolas, el acoso escolar es un fenómeno generalizado que muchos estudiantes sufren en silencio, razón por la cual estudiar su dinámica es vital para diseñar protocolos, acciones y políticas que lo prevengan o que mitiguen sus consecuencias.

Figura 1. *Porcentaje de alumnos victimizados, 2022.*

Fuente: Elaborado con R studio a partir de datos de la OCDE (2023).

Nota: Los niveles asociados a la prevalencia se han subdividido siguiendo los cuartiles de la distribución de la muestra. Prevalencia baja: <4,9%, Media: =4,9%-6,4%, Alta: =6,4%-8,6%, Muy alta: ≥8,6%

MARCO TEÓRICO Y EVIDENCIA EMPÍRICA

Acoso escolar: concepto

Aunque el fenómeno del acoso entre alumnos no es reciente, el concepto como tal no ha sido acuñado ni estudiado hasta la década de los 70. Específicamente, el término acoso escolar (*bullying*) fue acuñado por Dan

Olweus en su libro 1980, *"Familial and temperamental determinants of aggressive behavior in adolescent boys: A causal analysis"*, ha sido ampliamente aceptado en estudios internacionales posteriores. En los países de habla hispana, además de utilizar el término anglosajón, se suelen utilizar maltrato escolar, acoso escolar o maltrato entre iguales (Olweus, 1998).

Olweus define que un estudiante es víctima de bullying cuando *"...está expuesto de manera repetitiva a acciones negativas por parte de uno o más estudiantes"* (Olweus, 1998). Para el autor, una acción negativa puede definirse como cualquiera que se lleve a cabo con el fin de infligir o intentar infligir, deliberadamente, daño o malestar a otra persona. Se contemplan como negativas a todas las acciones físicas, verbales y la exclusión intencionada (Olweus, 2019).

De todas maneras, el concepto ha sido redefinido por múltiples autores y ha tenido una evolución dinámica que se ha ajustado a los cambios acontecidos en las últimas décadas, como por ejemplo la aparición de la tecnología de la información y comunicación de manera masiva en la vida social.

Las consecuencias derivadas del acoso entre pares son múltiples y afectan no sólo a las víctimas, sino también a los victimarios. Guerra Escoda (2016) señala que las consecuencias son múltiples: autoestima baja, depresión, ansiedad, miedo a asistir a clases, sumisión, empeoramiento del desempeño escolar, dificultades de aprendizaje y de integración escolar, niveles altos de soledad, ideación de suicidio, intento de suicidio o suicidio. Van Geel et al. (2014) explican que estimaciones sugieren que entre un 5% a un 20% de los niños son víctimas de acoso escolar y que este es un factor de riesgo para el suicidio adolescente. Según los autores, el 20% de los adolescentes acosados por sus pares de los Estados Unidos ha considerado el suicidio y, además, entre un 5% y un 8% de los mismos han intentado suicidarse durante un período anual.

Otra consecuencia de ser víctima persistente de una actitud negativa por parte de pares, es la reducción de la empatía y la conversión a acosador. El acosador-victima (*bully-victim*) ejerce un doble papel: el de acosado por parte de sus pares dominantes, y el de acosador hacia estudiantes más débiles que él (Trautmann, 2008).

En el caso de los acosadores, las consecuencias pueden incluir: conductas violentas, vandalismo o delincuencia que les generan problemas legales, desconexión moral, profundización de la carencia de empatía, consumo de drogas, comportamiento agresivo, absentismo escolar, fracaso escolar, dificultad para acatar las normas y leyes, conflicto con las figuras de autoridad (Guerra Escoda, 2016).

Tanto en agresores, víctimas o espectadores, la interiorización de la violencia y las conductas negativas pueden ser trastornos psicológicos que se trasladen a la edad adulta (Collell & Escudé, 2014). Además, las consecuencias se trasladan a la vida relacional y social del individuo, llegando a tener secuelas a nivel laboral y obstaculizando las oportunidades educativas y de socialización normal de las víctimas.

Relación del acoso escolar con el rendimiento y el género

Son muchos los antecedentes que han podido comprobar que existe una relación negativa entre la victimización de un estudiante y su rendimiento académico (Glew et al., 2005; Konishi et al., 2010; Juvonen et al., 2011; Okumu et al., 2020; Okafor, 2021), y España no es la excepción. Tanto para un caso de estudio en la Comunidad de Madrid, así como dos estudios posteriores con PISA 2018 y PISA 2022 para toda España, se ha podido señalar la incidencia directa del acoso escolar en el rendimiento académico de los estudiantes (Rusteholz & Mediavilla, 2022; Rusteholz et al., 2023). Las diferencias de rendimiento entre las víctimas y sus pares, pueden equivaler a entre 3 y 4 meses de educación formal, medida que ilustra cómo la educación pasa a segundo plano en una situación de estrés como la que viven los chicos y chicas que son victimizados (Rusteholz & Mediavilla, 2022).

El acoso escolar en un fenómeno vinculado al género, ya que en su dinámica acaban por imitarse determinados comportamientos relacionados al género y por castigar a aquellos que no las cumplen (Cook et al., 2010; Carrera-Fernández et al., 2016). Es difícil generalizar una respuesta sobre quién es más victimizado, chicos o chicas, pero tradicionalmente se ha indicado que los varones son más propensos a la violencia física (Boel-Studt y Renner, 2013) y las mujeres son más propensas al acoso relacional (Wang et al., 2009). Esto se cumple también en PISA 2018, donde esparcir rumores es la forma más común con la que se victimiza a las chicas, y con el resto de acciones, desde las burlas hasta la violencia física o las amenazas, se victimiza más a los chicos.

En términos de pérdida de meses de educación formal, tanto chicos como chicas pierden aproximadamente cuatro meses en matemáticas cuando son victimizados. Sin embargo, en lectura y ciencias, los chicos son más afectados que las chicas. Este hallazgo es crucial, ya que indica evidencia que el acoso escolar tiene un impacto diferencial en función del género, lo que requiere estrategias de intervención específicas para abordar estas diferencias (Rusteholz & Mediavilla, 2022).

Las formas de victimización también crean brechas en la caída del rendimiento entre los chicos y las chicas. Los chicos son más afectados por rumores, mientras que las chicas sufren más las consecuencias de amenazas y violencia física, enfatizando la importancia del género en el abordaje de esta problemática (Rusteholz & Mediavilla, 2022).

Además, el análisis ha identificado que las chicas migrantes es el perfil más perjudicado. Este hallazgo resalta la vulnerabilidad particular de los estudiantes migrantes, que pueden enfrentar desafíos adicionales, incluyendo barreras culturales y lingüísticas. El tipo de centro genera algunas diferencias también, pero el patrón es menos claro, aunque puede destacarse que las chicas en colegios privados se ven afectadas especialmente en su rendimiento en matemáticas, y los chicos que asisten a colegios concertados y públicos que son víctimas tiene un resultado menor en lectura y ciencia (Rusteholz & Mediavilla, 2022; Rusteholz et al., 2023).

Relación del acoso escolar con el rendimiento y la salud mental

Un alto grado de victimización está relacionado con trastornos como la ansiedad y la depresión, la agorafobia, ataques de pánico, síntomas psicosomáticos, aislamiento social, baja autoestima, aumento de autolesiones, riesgo de trastornos de personalidad y suicidio (Wolke & Lereyra, 2015; Van Geel et al., 2014; Aricak, 2015; Hysing et al., 2019; Eyuboglu et al., 2021). Lo anterior sugiere que, al analizar la relación entre el acoso escolar y rendimiento académico, el mecanismo de vinculación puede estar determinado por un efecto directo sobre la variable de resultados, pero también por un efecto indirecto mediado por el impacto en la salud mental. Diversos antecedentes han identificado que la ansiedad, la depresión, la salud mental y la influencia de estos factores en el autoconcepto de un estudiante están negativamente asociados con el rendimiento, impulsados por la victimización del estudiante (Benbenishty et al., 2016; Okumu et al., 2020; Tekel & Karadag, 2020).

Los resultados obtenidos en las investigaciones realizadas indican que, como la literatura supone, el acoso escolar tiene efectos directos e indirectos sobre el rendimiento académico. Parte del efecto que tiene el acoso escolar se transmite parcialmente mediante el deterioro en la salud del estudiante, por lo que la salud mental de los estudiantes juega un papel mediador significativo en la relación entre el acoso escolar y el rendimiento académico. Los estudiantes que experimentan acoso escolar no solo enfrentan desafíos académicos directos, sino que también sufren un deterioro en su bienestar físico, emocional y psicológico, lo que agrava aún más su capacidad para desempeñarse bien en la escuela (Tehrani, 2004; Zarate-Garza et al., 2017; Huang, 2022).

El rol de los padres y profesores

El apoyo emocional de los padres y profesores emerge como un factor crucial en la mitigación de los efectos del acoso escolar. En ambas evaluaciones de PISA, 2018 y 2022, el apoyo parental se identifica como un moderador significativo de las consecuencias del acoso escolar, ayudando a amortiguar su impacto negativo en el rendimiento académico y la salud mental de los estudiantes. Esto destaca la importancia de involucrar a los padres en los esfuerzos de prevención y respuesta al acoso escolar (Claes et al., 2015; Han et al., 2021).

Curiosamente, los datos de PISA 2022 indican que el apoyo del profesorado ha ganado relevancia en la mitigación del acoso escolar en comparación con los datos de 2018. Esto sugiere una mejora en la relación estudiante-profesor, la cual sigue en debate, incluso en la actualidad (Segovia-González et al., 2023).

RECOMENDACIONES PARA EL DISEÑO DE POLÍTICAS O PROTOCOLOS

Para abordar de manera efectiva al acoso escolar y mitigar sus efectos negativos en el rendimiento académico y la salud mental de los estudiantes, se proponen las siguientes recomendaciones para el diseño de políticas de actuación y prevención:

a) **Fortalecer el monitoreo de la salud mental en los centros**: con los problemas de salud mental proliferando entre los estudiantes, es crucial implementar programas de salud mental que aborden, además, específicamente las consecuencias del acoso escolar. Estos programas deben incluir servicios de asesoramiento y apoyo psicológico, así como talleres y actividades que promuevan el bienestar y la inteligencia emocional, y la resiliencia entre todos los alumnos. La incorporación de profesionales de la salud mental en los centros escolares puede proporcionar el apoyo necesario para identificar y tratar problemas de salud mental de manera oportuna y adecuada, con independencia de que sean producto de un caso de acoso escolar o no. Un estudiante con la mente sana, es un estudiante que podrá, con mayor probabilidad, desempeñarse con eficacia en sus estudios.

b) **Capacitación y sensibilización de profesores**: los docentes deben recibir formación más específica para poder identificar y gestionar los casos de acoso escolar que ocurran es sus aulas. A día de hoy, el plan de asignaturas de la formación docente no incluye un abordaje específico para el acoso escolar, y los propios docentes se quejan de la falta de recursos y protocolos. La capacitación debe incluir estrategias para crear un ambiente escolar positivo y seguro, técnicas de intervención en casos de acoso, y métodos para proporcionar apoyo emocional a los estudiantes afectados. Además, se debe fomentar la sensibilización sobre la importancia del apoyo emocional y académico en la relación estudiante-profesor.

c) **Promoción del apoyo parental**: fomentar la participación activa de los padres en la educación y en la prevención del acoso escolar es esencial. Se debe visibilizar su rol como red de protección para los estudiantes, indicando cómo su apoyo puede minorar los efectos del acoso escolar. Desde los centros escolares, es posible organizar talleres y proporcionar recursos educativos para que los padres comprendan los signos del acoso escolar y aprendan cómo apoyar a sus hijos de manera efectiva, desarrollando habilidades de comunicación e inteligencia emocional.

d) **Diseñar protocolos de actuación ajustados a la problemática territorial**: actualmente, no existen protocolos de actuación claros, en todas las CCAA, cuando existen indicios de un posible caso de acoso escolar. Por tanto, es necesario que las mismas se impliquen, en primero lugar, en la diagnosis profunda de la problemática y, en segundo lugar, en la elaboración de un protocolo adecuado a sus necesidades. Para esto último contarían con las experiencias internacionales probadas como el programa KIVA en Finlandia o el programa de prevención de Olweus, que tienen resultados positivos y que deberían analizarse para adaptar las acciones y la filosofía que los hicieron exitosos.

e) **Poner énfasis en la mejora del clima escolar:** uno de los factores más relevantes en la probabilidad de ser victimizado es el clima que se vive en el centro escolar. Por ello, invertir tiempo y recursos en mejorar el clima escolar podría cambiar la manera en la que los estudiantes se relacionan. Para ello, fomentar el respeto por la diversidad y promover la inclusión, la creación de espacios seguros dentro del colegio, el desarrollo de un código de conducta claro y de redes de apoyo psicológico y emocional de padres y profesores, así como la integración de toda la comunidad escolar pueden mejorar el clima escolar y reducir los casos de acoso y sus consecuencias.

f) **Desarrollo de políticas inclusivas**: Es importante diseñar políticas específicas que aborden las necesidades de los estudiantes más vulnerables, como los estudiantes migrantes. Estas políticas deben garantizar que todos los estudiantes tengan acceso a un entorno educativo seguro y equitativo. Las iniciativas deben incluir programas de integración cultural y lingüística, así como redes de apoyo para estudiantes y familias migrantes. La inclusión de estudiantes en la planificación y evaluación de estas políticas puede asegurar que sus necesidades y perspectivas sean consideradas.

g) **No generalizar**: el acoso es un fenómeno complejo que impide generalizar conclusiones y, por tanto, actuaciones. Se ha comprobado que es un fenómeno de género y que hay otras variables que matizan resultados. Profundizar en estas dinámicas para generar más evidencias es relevante, como también lo es incluir estas variables en el diseño de protocolos de prevención y de actuación.

h) **Necesidad de bases de datos censales que cuenten con variables indicativas de esta problemática:** en la actualidad, no existen bases de datos de tipo censal con variables relacionadas al acoso escolar. Esto supone un impedimento para la evaluación cualitativa y cuantitativa del fenómeno, que permita encontrar patrones o variables que mejoren los protocolos de actuación y prevención.

En resumen, el acoso escolar es un fenómeno complejo que requiere una respuesta multifacética. Las políticas y programas deben ser holísticos, abarcando la salud mental, la formación y sensibilización de docentes, el involucramiento parental, la supervisión constante y el desarrollo de políticas que incluyan factores diferenciadores. Solo a través de un enfoque integral se podrá abordar efectivamente el acoso escolar y garantizar un entorno educativo seguro y saludable para todos los estudiantes.

BIBLIOGRAFÍA

Aricak, O. T. (2015). The relationship between mental health and bullying. In *Bullying among university students* (pp. 76-90). Routledge.

Benbenishty, R., Astor, R. A., Roziner, I., & Wrabel, S. L. (2016). Testing the causal links between school climate, school violence, and school academic performance: A cross-lagged panel autoregressive model. *Educational Researcher, 45*(3), 197-206. https://doi.org/10.3102/0013189X16644603

Boel-Studt, S., & Renner, L. M. (2013). Individual and familial risk and protective correlates of physical and psychological peer victimization. *Child Abuse & Neglect, 37*(12), 1163-1174. https://doi.org/10.1016/j.chiabu.2013.07.010

Carrera-Fernández, M. V., Lameiras-Fernández, M., & Rodríguez-Castro, Y. (2016). Performing intelligible genders through violence: Bullying as gender practice and heteronormative control. *Gender and education, 30*(3), 341-359. https://doi.org/10.1080/09540253.2016.1203884

Cerezo, F. (2009). Bullying: análisis de la situación en las aulas españolas. International *Journal of Psychology and Psychological Therapy, 9*(3), 367-378.

Cerezo, F. (2012). Psique: Bullying a través de las TIC. *Boletín científico Sapiens Research. 2*(2), 24-29. ISSN-e: 2215-9312.

Claes, L., Luyckx, K., Baetens, I., Van de Ven, M., & Witteman, C. (2015). Bullying and victimization, depressive mood, and non-suicidal self-injury in adolescents: The moderating role of parental support. *Journal of child and family studies, 24*, 3363-3371. https://doi.org/10.1007/s10826-015-0138-2

Collell J. & Escumé C. (2014). Una aproximación al fenómeno de acoso escolar. En B. R., Prevención del acoso escolar con educación emocional (pp. 15-34). Desclée De Brouwer.

Cook, C. R., Williams, K. R., Guerra, N. G., Kim, T. E., & Sadek, S. (2010). Predictors of bullying and victimization in childhood and adolescence: A meta-analytic investigation. *School psychology quarterly, 25*(2), 65-83. https://doi.org/10.1037/a0020149

Eyuboglu, M., Eyuboglu, D., Pala, S. C., Oktar, D., Demirtas, Z., Arslantas, D., & Unsal, A. (2021). Traditional school bullying and cyberbullying: Prevalence, the effect on mental health problems and self-harm behavior. *Psychiatry research, 297*, 113730. https://doi.org/10.1016/j.psychres.2021.113730

Fundación Mutua Madrileña & Fundación Anar (2023). *La opinión de los Estudiantes. III Informe de Prevención del Acoso Escolar en Centros Educativos en Tiempos de Pandemia 2020 y 2021.* Available at: https://www.anar.org/cae-el-acoso-escolar-en-espana-y-se-mantiene-el-ciberbullying-durante-la-pandemia/

Glew, G. M., Fan, M. Y., Katon, W., Rivara, F. P., & Kernic, M. A. (2005). Bullying, psychosocial adjustment, and academic performance in elementary school. *Archives of pediatrics & adolescent medicine, 159*(11), 1026-1031. https://doi.org/10.1001/archpedi.159.11.1026

Guerra Escoda, P. (2016). Educación Emocional: vía de prevención al acoso escolar. Propuesta de Intervención para 5° de primaria. [Unpublished master's thesis]. Universidad Internacional de La Rioja.

Han, Z., Zhang, G., & Zhang, H. (2017). School bullying in urban China: Prevalence and correlation with school climate. *International journal of environmental research and public health, 14*(10), 1116. https://doi.org/10.3390/ijerph14101116

Huang, L. (2022). Exploring the relationship between school bullying and academic performance: The mediating role of students' sense of belonging at school. *Educational Studies, 48*(2), 216-232. https://doi.org/10.1080/03055698.2020.1749032

Hysing, M., Askeland, K. G., La Greca, A. M., Solberg, M. E., Breivik, K., & Sivertsen, B. (2021). Bullying Involvement in Adolescence: Implications for Sleep, Mental Health, and Academic Outcomes. *Journal of Interpersonal Violence, 36*(17-18), NP8992-NP9014. https://doi.org/10.1177/0886260519853409

Juvonen, J., Wang, Y., & Espinoza, G. (2011). Bullying experiences and compromised academic performance across middle school grades. *The Journal of Early Adolescence, 31*(1), 152-173. https://doi.org/10.1177/0272431610379415

Konishi, C., Hymel, S., Zumbo, B. D., & Li, Z. (2010). Do school bullying and student—teacher relationships matter for academic achievement? A multilevel analysis. *Canadian Journal of School Psychology, 25*(1), 19-39. https://doi.org/10.1177/0829573509357550

Lereya, S. T., Samara, M., & Wolke, D. (2013). Parenting behavior and the risk of becoming a victim and a bully/victim: A meta-analysis study. *Child abuse & neglect, 37*(12), 1091-1108. https://doi.org/10.1016/j.chiabu.2013.03.001

OCDE (2019), PISA 2018 Results (Volume III): What School Life Means for Students' Lives, PISA, OCDE Publishing, Paris, https://doi.org/10.1787/acd78851-en

OCDE (2023), PISA 2022 Results (Volume II): Learning During – and From – Disruption, PISA, OCDE Publishing, Paris, https://doi.org/10.1787/a97db61c-en

Okafor, S. O. (2021). Bullying as Predictor of Students Academic Achievement in Public Secondary Schools in Onitsha North Lga. *Journal of Educational Research & Development, 4*(1), 160-166.

Okumu, M., Kim, Y. K., Sanders, J. E., Makubuya, T., Small, E., & Hong, J. S. (2020). Gender-Specific Pathways between Face-to-Face and Cyber Bullying Victimization, Depressive Symptoms, and Academic Performance among US Adolescents. *Child Indicators Research, 13*, 2205-2223. https://doi.org/10.1007/s12187-020-09742-8

Olweus, D. (1980). Familial and temperamental determinants of aggressive behavior in adolescent boys: A causal analysis. *Developmental Psychology, 16*(6), 644-660. https://doi.org/10.1037/0012-1649.16.6.644

Olweus, D. (1993). Bully/victim problems among schoolchildren: Long-term consequences and an effective intervention program. In S. Hodgins (Ed.), *Mental disorder and crime* (pp. 317-349). Sage Publications, Inc.

Olweus, D. (1998). *Conductas de acoso y amenazas entre escolares.* Ediciones Morata.

Olweus, D. (2019). Addresing Specific Forms of Bullying: A Large-Scale Evaluation of the Olweus Bullying Prevetion Program. *International Journal of Bullying Prevention, 1*, 70-84. https://doi.org/10.1007/s42380-019-00009-7

Rusteholz, G., & Mediavilla, M. (2022). El impacto del acoso escolar en el rendimiento académico en España. *Fundación Alternativas.* https://doi.org/10.13140/RG.2.2.12021.04321

Rusteholz, G., Mediavilla, M., & Pires, L. (2023). Bullying as Determinant of Academic Performance. A Case Study for the Community of Madrid Using Administrative Data. *Journal of School Violence, 22*(3), 322-338. https://doi.org/10.1080/15388220.2023.2186416

Segovia-González, M. M., Ramírez-Hurtado, J. M., & Contreras, I. (2023). Analyzing the Risk of Being a Victim of School Bullying. The Relevance of Students' Self-Perceptions. *Child Indicators Research*, 1-23. https://doi.org/10.1007/s12187-023-10045-x

Tehrani, N. (2004). Bullying: a source of chronic post-traumatic stress? *British journal of guidance & counselling, 32*(3), 357-366. https://doi.org/10.1080/03069880410001727567

Tekel, E. & Karadag, E. (2020). School bullying, school mindfulness and school academic performance: A structural equation modelling study. *Journal of Psychologists and Counsellors in Schools, 30*(2), 129-145. https://doi.org/10.1017/jgc.2019.10

Trautmann, A. (2008). Maltrato entre pares o "*bullying*". Una visión actual. *Revista Chilena de Pediatría, 79*(1), 13-20. http://dx.doi.org/10.4067/S0370-41062008000100002

United Nations Educational, Scientific and Cultural Organization. (2021). *Behind the numbers: Ending school violence and bullying.* UNESCO. Francia.

United Nations Educational, Scientific and Cultural Organization. (2018). *School violence and bullying: Global status and trends, drivers and consequences.* UNESCO. Francia.

Unicef (2024). Ciberacoso: qué es, impacto y cómo detenerlo. *Blog de Educación de Unicef.* https://www.unicef.es/blog/educacion/ciberacoso-que-es-impacto-y-como-detenerlo#.

Van Geel, M., Vedder, P. & Tanilon, J. (2014). Relationship between peer victimization, Cyberbullying and Suicide in Children and Adolescents. A Meta-Analysis. *JAMA Pediatrics, 168* (5), 435-442. https://doi.org/10.1001/jamapediatrics.2013.4143

Wang, J., Iannotti, R. J., & Nansel, T. R. (2009). School bullying among adolescents in the United States: Physical, verbal, relational, and cyber. *Journal of Adolescent health, 45*(4), 368-375. https://doi.org/10.1016/j.jadohealth.2009.03.021

Wolke, D., & Lereya, S. T. (2015). Long-term effects of bullying. *Archives of disease in childhood, 100*(9), 879-885. http://dx.doi.org/10.1136/archdischild-2014-306667

Zarate-Garza, P. P., Biggs, B. K., Croarkin, P., Morath, B., Leffler, J., Cuellar-Barboza, A., & Tye, S. J. (2017). How well do we understand the long-term health implications of childhood bullying? *Harvard review of psychiatry, 25*(2), 89-95. https://doi.org/10.1097/HRP.0000000000000137

Capítulo 11.

Ética en el desarrollo, despliegue y uso de la inteligencia artificial

FRANCISCO ARENAS DOLZ[1]
Departamento de Filosofía
Universitat de València

INTRODUCCIÓN

Con el surgimiento de la inteligencia artificial (IA) se ha generado una creciente preocupación por sus riesgos éticos para la integridad, la intimidad, la igualdad de trato y la no discriminación y otros derechos fundamentales que pueden verse afectados por estos sistemas, aunque la incorporación de la IA también ha suscitado mucho entusiasmo por las posibilidades que abre para optimizar procesos, resolver problemas complejos y mejorar la calidad de vida. Es cierto que puede tener consecuencias perjudiciales, en especial entre las personas y comunidades más desfavorecidas, pero son enormes los beneficios que proporciona desde el punto de vista no solo económico, sino también personal, laboral, político, social o educativo, entre otros.

El presente trabajo explora las principales oportunidades y desafíos éticos de la IA. En contraste con quienes se centran únicamente en los efectos nocivos de estas tecnologías, la tesis que busco defender es la necesidad de un marco ético y sostenible para guiar el desarrollo y uso responsable de la IA, fundamentado en los principios y valores de un humanismo tecnológico comprometido con el futuro. Con ello pretendo mostrar que la ética es un tema fundamental en el desarrollo y despliegue de la IA y que un uso responsable de la IA ha de estar orientado a preservar la autonomía perso-

[1] La publicación es parte del proyecto PID2022-139000OB-C21, financiado por MCIU/AEI/10.13039/501100011033/FEDER, UE. Este trabajo reproduce parcialmente contenidos publicados en Arenas Dolz (2024), examinando con más detalle métodos participativos para el desarrollo, despliegue y uso ético de la inteligencia artificial.

nal, la intimidad y la capacidad crítica, así como a reforzar la inclusión y la participación de los grupos de interés.

¿QUÉ SE ENTIENDE POR INTELIGENCIA ARTIFICIAL?

La IA está transformando la forma en que se organizan las interacciones sociales en el mundo contemporáneo. Los sistemas de IA desempeñan un papel cada vez más relevante en la toma de decisiones en la sociedad en distintos ámbitos. Pese a no existir todavía un consenso en su definición, la IA se refiere a la capacidad de los sistemas tecnológicos para procesar información de un modo que se asemeja a la inteligencia humana, y que incluye aspectos de razonamiento, aprendizaje, percepción, predicción, planeamiento o control. Esta capacidad de imitar o rivalizar con la inteligencia humana en la resolución de problemas complejos distingue a la IA de otras tecnologías.

El desarrollo de la IA como disciplina comenzó en la década de 1950 con el nacimiento de la cibernética y la publicación en 1950 del artículo donde Alan Turing trata la cuestión de si las máquinas pueden pensar y especula acerca de si las máquinas podrían aprender y realizar tareas abstractas. Esta es la meta de la IA fuerte, capaz de realizar cualquier tarea cognitiva que puedan llevar a cabo los humanos. Algunos autores consideran que el aumento de la capacidad de los microchips causará un crecimiento exponencial de la potencia de los ordenadores que, de mantenerse, provocará que las máquinas superen la capacidad del cerebro para procesar la información. Sin embargo, hoy por hoy no hemos alcanzado la IA fuerte. La IA todavía no ha alcanzado las capacidades cognitivas humanas y la mayoría de las aplicaciones de IA provienen de la IA débil, que opera en ámbitos específicos.

Esta contribución se centra en las aplicaciones de la IA débil, que es probable que se vuelva más poderosa y dominante en un futuro próximo. Se espera que la IA débil automatice muchas profesiones, dada su capacidad para ejecutar tareas cognitivas rutinarias a velocidades y precisión mucho más altas que el ser humano. Desarrolladores informáticos, compañías y gobiernos han acelerado el desarrollo e implementación de la IA. Los motivos para adoptar la IA incluyen aumentar la eficiencia de la economía, mejorar la calidad de vida y las condiciones laborales y fortalecer los sistemas de defensa y vigilancia, entre otros.

PRINCIPIOS ÉTICOS DE LA INTELIGENCIA ARTIFICIAL

¿Cómo desarrollar una ética de la IA? Como se ha dicho, la IA no es algo nuevo, sino que forma parte de la ciencia y tecnología de la informática desde sus albores. Sin embargo, la idea de que es urgente enfrentar los desafíos éticos planteados por la IA ha generado la necesidad de definir principios y directrices claros para el uso responsable de la IA. En los últimos años han proliferado los informes con recomendaciones políticas de actuación para el correcto uso de los sistemas de IA en diferentes ámbitos.

En 2018 el Grupo Europeo de Ética de la Ciencia y Nuevas Tecnologías (EGE) publicó una declaración sobre IA, robótica y sistemas automatizados, proponiendo principios de dignidad humana, autonomía, responsabilidad, justicia, equidad, solidaridad, democracia, estado de derecho, seguridad, protección de datos, privacidad y sostenibilidad (Grupo Europeo de Ética de la Ciencia y Nuevas Tecnologías 2018). En documentos posteriores de la Unión Europea se ha establecido un marco ético *humanocéntrico* para desarrollar una IA confiable (Grupo de Alto Nivel de Expertos en IA 2018; 2019). El Libro Blanco de 2020 de la Comisión Europea sobre IA destaca que los derechos fundamentales y los valores europeos están en el centro del enfoque europeo de la IA (Comisión Europea 2020), mientras que la Propuesta de Reglamento del Parlamento Europeo y del Consejo de 2021 por el que se establecen normas armonizadas en materia de IA tienen como objetivo establecer un marco legal para el desarrollo, despliegue y uso responsable de la IA (Comisión Europea 2021a; 2021b).

El 13 de marzo de 2024 se publicó la Ley de IA. Aunque este es un hito importante para la regulación de la IA en la Unión Europea, gran parte de la legislación tiene graves lagunas. Por ejemplo, los riesgos para la no discriminación y la equidad en el uso de la IA no se abordan explícitamente en esta propuesta, que ignora las perspectivas de los afectados por los resultados de los sistemas de IA. Además, este Reglamento solo se aplica a los sistemas considerados de riesgo, por lo que la inmensa mayoría de los sistemas de IA se incorporarán a la gran selva de no regulación de los productos y servicios informáticos.

Dado que los algoritmos utilizan tecnologías de macrodatos para almacenar, procesar y transmitir datos a través de redes de comunicación externas, es crucial considerar el posible uso indebido de datos personales por parte de terceros y garantizar el intercambio confiable de datos tanto dentro como entre organizaciones. Al filtrar la información que se presenta a los usuarios según sus preferencias, los algoritmos podrían usarse para ejercer control sobre las decisiones de un individuo e influir en sus elecciones, reduciendo así la diversidad de la información. Con el aumento exponencial de las aplicaciones de IA y la creciente dificultad para comprender las decisiones de los algoritmos de IA, los avances en IA deben orientarse hacia objetivos sociales que respeten la privacidad y la equidad. Con ello, se ha puesto de manifiesto la necesidad de un amplio consenso social sobre los principios éticos de la IA.

Así, en un primer nivel, los diferentes enfoques propuestos para regular el comportamiento de los sistemas de IA –IA responsable, IA significativa, IA confiable o IA explicable– se basan en los cuatro principios clásicos en éticas aplicadas: *no maleficencia*, que ordena no dañar, protegiendo a las personas en cuestiones de privacidad, del mal uso de los datos, en la sumisión a decisiones tomadas por máquinas y no supervisadas por máquinas; *beneficencia*, que exige hacer el bien, poniendo los beneficios de la IA al servicio de toda la humanidad; *autonomía* de las personas, que consiste en preservar la capacidad de actuación humana, pues la responsabilidad moral no puede atribuirse a una tecnología "autónoma", sino que es de los seres humanos; y *justicia*, que exige beneficiar con equidad a todos los seres humanos, teniendo en cuenta a los más débiles. A estos principios clásicos se añadiría el principio de *explicabilidad* o de *trazabilidad*, que implica operar de forma transparente y reconocer el derecho de los afectados a controlar sus datos y conocer los algoritmos que los manejan (Cortina 2024: 69-77).

INTELIGENCIA ARTIFICIAL Y VALORES HUMANOS

En un segundo nivel, se ha planteado la necesidad de alinear la IA con los valores humanos. El aprendizaje automático (*machine learning*) ha permitido que las máquinas aprendan de grandes cantidades de datos y apliquen el conocimiento a nuevos datos sin ayuda humana. La producción masiva de datos genera oportunidades, pero también riesgos, por lo que es un reto importante el compromiso de los diferentes grupos de interés para que los valores humanos se integren en todas las fases del desarrollo de los sistemas de IA.

Por un lado, la opacidad y la imprevisibilidad de los sistemas de aprendizaje automático plantean serios desafíos para que las administraciones públicas diseñen e implementen políticas de gobernanza de IA efectivas. La opacidad de los algoritmos de aprendizaje automático limita el grado de transparencia, explicabilidad y responsabilidad que se puede lograr en los sistemas de IA. La imprevisibilidad de los algoritmos de aprendizaje automático, junto con la falta de control humano sobre el comportamiento de los sistemas de IA, plantea la dificultad de detectar el sesgo algorítmico y asignar la responsabilidad por los daños resultantes de los defectos del software.

Por otro lado, la autorregulación de la industria es insuficiente para gestionar los riesgos que plantea la IA, dada su incapacidad para garantizar la inclusión y la representación diversa toda la sociedad. Además, la participación de los grupos de interés de la industria genera la preocupación de que los intereses corporativos dominen las normas de la IA. Los marcos regulatorios existentes tienen también dificultades para gestionar muchos problemas éticos introducidos por la IA, como la seguridad, la pérdida de empleo y los problemas relacionados con la confianza.

Ninguna tecnología es estructuralmente neutra. En ocasiones, las administraciones públicas parten de concepciones excesivamente ingenuas sobre la IA. Es necesario explicitar los intereses que diseñan, promueven y aplican las tecnologías, pues los valores humanos no son uniformes en todas las culturas. Solamente si somos capaces de emplear estos datos para beneficio de todos los actores implicados, poniendo la tecnología al servicio de los seres humanos que la usan y a los que sirve, seremos capaces de alcanzar una IA para un mundo justo y equitativo. A medida que los sistemas de IA aumentan en complejidad, sus riesgos también aumentarán, lo que requerirá no solo mecanismos específicos de comunicación y regulación, sino también un marco de gobernanza democrática global más amplio para la IA.

Es urgente adoptar enfoques innovadores e inclusivos que garanticen que los sistemas de IA actúen según valores humanos compartidos y principios éticos, promoviendo un continuo control y equilibrio de poder entre los actores públicos y privados, para garantizar la sostenibilidad de la democracia. Una democracia sostenible es aquella que protege los derechos fundamentales, trabaja para reducir las desigualdades y mejora las capacidades de los ciudadanos para involucrarse como actores activos y críticos y para participar de manera efectiva en los procesos de toma de decisiones, construyendo sociedades fuertes, inclusivas y cohesionadas. Promover una democracia profunda y sostenible implica desarrollar competencias orientadas a reforzar las alianzas entre diferentes actores, construyendo comunidades de práctica para participar de manera efectiva en democracias diversas y aumentar la confianza de los ciudadanos en los principios y valores democráticos. En definitiva, una democracia sostenible consiste en equilibrar los derechos y responsabilidades de los ciudadanos y promover la participación multicultural, étnica, racial y de género, reconociendo la diversidad como un valor social.

A mi juicio, es irrenunciable promover el debate en torno al diseño de sistemas de IA y que los diferentes grupos de interés construyan conjuntamente marcos éticos, alineados con los estándares existentes de democracia y derechos humanos y aplicables en diferentes contextos geográficos, culturales y legales. Estos procesos deben estar sujetos a un modelo dialógico de debate y discusión pública (Cortina 2024: 119-122). La ética de la IA implica tanto incorporar principios y directrices éticas como reconocer y apreciar los juicios, sistemas de valores y puntos de vista fundamentalmente diferentes de los grupos de interés.

DE LOS PRINCIPIOS A LA PRÁCTICA

Con el propósito de mejorar el desarrollo, despliegue y uso ético de la IA, y dado que resulta imposible trasladar directamente a la práctica los principios éticos, que no dejan de ser obligaciones morales abstractas, es necesario diferenciar tres niveles (García-Marzá 2023: 103).

En primer lugar, está el *nivel de justificación*, donde debemos fundamentar los principios y valores por los que se guía el estatuto ético de un sistema de IA. ¿Qué principios y valores deberían incorporarse en las máquinas teniendo en cuenta el pluralismo de las sociedades y las diferencias entre las diversas culturas?

Podríamos distinguir, con Philip Brey (2024: 271-275), seis categorías de valores que deben utilizarse como guías para decidir qué medidas deben adoptarse durante el proceso de desarrollo:

- Autonomía, dignidad y libertad. La autonomía consiste en permitir a las personas pensar por sí mismas y tomar sus propias decisiones. Se entiende por dignidad que todas las personas poseen un valor intrínseco y que no pueden ser tratadas como medio para un fin. La libertad requiere que las personas tengan capacidad de decidir, frente a la coacción, el engaño y la manipulación. Los sistemas de IA no deberían afectar negativamente a la autonomía, libertad o dignidad humanas.
- Intimidad. No utilizar información de carácter personal sin el consentimiento informado. Los sistemas de IA no deberían conculcar el derecho a la intimidad.
- Equidad. Que todas las personas gocen de los mismos derechos fundamentales y de las mismas oportunidades. Los sistemas de IA deberían ser inclusivos, equitativos y no discriminatorios.

- Bienestar personal y social. Que todas las personas, sociedades y ecosistemas puedan desarrollarse de manera próspera. Los sistemas de IA no deberían perjudicar al bienestar individual, social o medioambiental.
- Rendición de cuentas. Los seres humanos han de controlar el desarrollo, despliegue y funcionamiento de los sistemas de IA para poder rendir cuentas.
- Transparencia. Los sistemas de IA han de ser transparentes para poder corregir comportamientos no éticos.

En segundo lugar, en el *nivel de realización,* tenemos requisitos más detallados que se derivan de estos valores. Este saber moral ha de transformarse en recursos, capacidades y competencias dentro de las instituciones. Se trataría de ver cómo se concretan estos valores y obtener directrices específicas para asegurar que el sistema de IA cumple con los requisitos éticos y no vulnera ningún valor. Por ejemplo, en relación con la equidad, se concretaría en no manifestar sesgos y que los sesgos discriminatorios se detecten antes de que el problema aparezca.

En tercer lugar, en el *nivel de concreción organizativa,* son importantes lo siguientes métodos y herramientas. Brey (2024: 263-267) ha propuesto las siguientes:

- Métodos para incorporar la ética a la actividad de investigación y desarrollo. Incluye: directrices y protocolos de ética para investigadores, desarrolladores, comités y directivos; metodologías para evaluar el impacto ético de la IA; diseño sensible a los principios y valores; códigos deontológicos y de conducta.
- Métodos para incorporar la ética en el despliegue y uso de la IA. Incluye: directrices y protocolos éticos para la optimización de procesos organizativos y en productos y servicios; códigos deontológicos; directrices de usuario final.
- Políticas y culturas de responsabilidad corporativa. Más allá de las directrices éticas, es necesario el liderazgo de las organizaciones, desde su cumbre, para delimitar funciones y responsabilidades, la formación del personal, actividades de vigilancia y garantía y el fomento de una cultura de la responsabilidad.
- Directrices, normas y certificación a nivel nacional e internacional.

- Educación, formación y sensibilización. Fomentar la formación profesional y académica en cuestiones éticas y sociales relacionadas con la IA.
- Políticas, regulación y gobernanza.
- Estudios sobre las consecuencias éticas y sociales de la IA.

Todos estos elementos contribuyen a generar confianza y sostener la credibilidad y reputación de las organizaciones, de modo que las directrices no se queden solo en palabras. Más allá de los principios, hace falta la participación que nos permita deliberar y alcanzar acuerdos acerca de conveniencia o no de ciertos sistemas de IA. Son necesarias sinergias entre el sector político, el económico y el ciudadano para llevar la IA de acuerdo con esos principios y valores que todos compartiríamos.

Por eso, es necesario complementar los modelos regulatorios y principialistas con enfoques participativos que incluyan a los grupos tradicionalmente marginados en los procesos de formulación de políticas. Se trataría de ir más allá del fundamento racional y universalista de los principios éticos y sus justificaciones y abogar por involucrar de forma efectiva y visible a la ciudadanía en las políticas públicas y contribuir a mejorar su calidad de vida mediante la creación de conocimiento en un contexto global y multicultural.

En definitiva, es necesaria una aplicación ética, responsable y más centrada en el ser humano de este tipo de tecnologías que, partiendo de principios y valores, establezca requisitos éticos claros y directrices para la IA, asegurándose de dar cabida a diversidad de perfiles para evitar sesgos, y que los desarrolladores de la inteligencia artificial –empresas, institutos de investigación– reciban formación ética e incorporen mecanismos de supervisión y control en los sistemas de IA en colaboración con las organizaciones de apoyo al desarrollo de la IA –cámaras de comercio, inversores–, las organizaciones que las utilizan –finanzas, mercadotecnia, recursos humanos, atención al cliente–, organizaciones de gobernanza –gobiernos locales, autonómicos, nacionales–, organizaciones educativas y organizaciones de la sociedad civil –colegios profesionales.

POR UN DESARROLLO PARTICIPATIVO DE LA INTELIGENCIA ARTIFICIAL

La tarea es fomentar un ecosistema de trabajo abierto, participativo y experimental, que estimule la cooperación entre la academia, la administración pública, las empresas y las organizaciones de la sociedad civil, permitiendo reflexionar sobre los desafíos éticos de la IA y proponer medidas para abordar problemas reales.

Las tecnologías de la información y la comunicación han convertido a los datos en la materia prima del nuevo modelo de sociedad. La Cuarta Revolución Industrial está basada en la captación, gestión, almacenamiento y administración de los datos para múltiples finalidades. El saber científico sobre estos procesos tiene dimensiones personales, sociales y culturales que deben ser analizadas en el conjunto de los saberes e instituciones.

Situar la discusión ética sobre el desarrollo, despliegue y uso de la IA en el centro de la agenda política es un requisito ineludible para el fortalecimiento democrático de las sociedades. Este conocimiento no puede quedar al margen de las problemáticas de la ciudadanía y limitarse a una esfera de poder científico de carácter cerrado y monopolista.

Un enfoque participativo podría contribuir a priorizar las voces de los afectados y producir cambios significativos como resultado de un proceso de colaboración responsable, que incluya a todos los grupos de interés. Para abordar la gobernanza de la IA y su aplicabilidad en diferentes regiones y contextos resulta necesario emplear enfoques participativos para capturar el conocimiento de la comunidad y diseñar e implementar procesos de aprendizaje social, resultantes de las interacciones de los ciudadanos, que produzcan nuevas formas de pensar y actuar.

A todo ello podrían contribuir programas de capacitación que garantizaran el uso ético de la IA, prestando especial atención a las situaciones que involucran a comunidades más desfavorecidas, vulnerables y marginadas, expuestas a profundos prejuicios de género, raciales o de otro tipo y que digitalmente se han quedado atrás.

La IA podría ayudarnos a contribuir al desarrollo humano sostenible, a la equidad y a la inclusión y superar la brecha digital (disponibilidad de acceso) desde lo que se ha llamado la huella digital, que consistiría en la apropiación digital (qué horizonte de expectativas genera la IA, cómo es sostenida por la gente) (Domingo Moratalla 2024: 246-250).

El desarrollo humano sostenible se ha convertido en una preocupación mundial en las últimas décadas a medida que la academia, la industria, los gobiernos y la sociedad se han vuelto cada vez más conscientes de los impactos negativos que la escasez de recursos esenciales puede tener en la vida de las personas y en su propia existencia en la tierra.

La IA está teniendo un impacto cada vez más amplio en muchos sectores diferentes y ciertamente podría contribuir en gran medida a impulsar el logro de los ODS en la Agenda 2030. El uso de sistemas de IA puede tener un papel importante en el logro de los ODS y en el apoyo al proceso democrático y los derechos sociales, empoderando a poblaciones tradicionalmente marginadas.

Como se ha dicho, se trata de identificar, seleccionar y establecer: 1) criterios y directrices para el análisis ético de la IA desde principios y valores, 2) líneas fundamentales de los enfoques participativos para el diseño e implementación de la IA y 3) criterios y lineamientos para el diseño, toma de decisiones y gobernanza democrática de los sistemas de IA.

Por un lado, *modelos de evaluación constructiva de la tecnología* (ECT), que consideran el cambio tecnológico como un entramado sociotécnico y que parten de la posibilidad de considerarlo democráticamente y conformarlo a las necesidades y objetivos de la sociedad a través de procesos sociales de aprendizaje, tratan de fortalecer la participación de los grupos de interés en la gobernanza de la tecnología. La participación pública de los grupos de interés, entendidos como agentes de cambio, es un aspecto fundamental de la ECT, que trata de comprender lo contextual y considera la evaluación tecnológica como una actividad interactiva, comunicativa (Terrones 2022).

Por otro lado, herramientas como los *laboratorios sociales*, donde se pueden desarrollar enfoques como la investigación-acción y el aprendizaje experiencial, relevantes para impulsar desde las organizaciones respuestas interdisciplinarias a los desafíos éticos de la IA.

Por último, para implementar con éxito este modelo resultan muy relevantes metodologías como la *prospectiva estratégica* (*strategic foresight*), clave de la innovación, que permite que los diferentes grupos de interés exploren las tendencias en el desarrollo tecnológico y establezcan prioridades a partir de sus expectativas. No consiste en predecir el futuro, sino en estar preparados para enfrentarnos a diferentes escenarios, dotando a las personas con las habilidades necesarias para tomar decisiones en un mundo en constante cambio, actuando en el presente para configurar el futuro que queremos. Desde 2012 la UNESCO apuesta por la *alfabetización de futuros* (*futures literacy*) como herramienta para desarrollar la imaginación ética, la capacidad anticipatoria de las personas y permitirles usar el futuro dependiendo de los objetivos, intereses y contextos.

De esa manera, se fomenta el cultivo de la *reflexividad* y la *deliberación pública*, generando conversaciones prácticas que promueven una cultura inclusiva y participativa, exigen la confluencia de saberes entrelazados para la búsqueda de soluciones conjuntas y aproximan la toma de decisiones a las comunidades.

CONCLUSIONES

Para enfrentar los desafíos de la IA y que tanto los debates como la toma de decisiones en torno a estas cuestiones sean consistentes, coherentes y útiles, resulta necesario, más allá del escepticismo y del solucionismo tecnológico, configurar procesos participativos que, en colaboración con diferentes grupos de interés, permitan establecer alianzas que involucren a la academia, a la administración pública, a la empresa y a la sociedad civil para aprender a identificar las necesidades y problemas de las comunidades y emplear los datos y la información, junto con el conocimiento local, para dar respuestas a los desafíos actuales.

En definitiva, es fundamental que la ciudadanía se involucre en el codiseño de la IA, que sea partícipe del desarrollo de los algoritmos, que disponga de herramientas para poder reflexionar sobre la utilidad los algoritmos en la práctica diaria y desarrollar conocimiento, a partir de la experiencia concreta, del que obtener sabiduría para discernir cuándo implementarlo en la práctica y cuándo no hacerlo. La implicación personal y el compromiso producen un tipo de conocimiento mucho más profundo y con más significado personal e interpersonal.

La sociedad necesita personas capaces de reunir los datos e interpretar la información críticamente para tomar decisiones de forma sabia. Esto requiere que tanto los investigadores como los grupos de interés presten más atención a investigar, aplicar y evaluar la IA sin descuidar los desafíos éticos de la tecnología, capacitando a la ciudadanía para comprender sus implicaciones y actuar en consecuencia para construir sociedades y entornos sostenibles. Sin lugar a dudas, la formación ética debería formar parte de la formación profesional básica, así como de la formación continua a lo largo de la vida profesional.

Para concluir, entre los retos de la IA a la ética está articular las redes locales y los intereses de la gente para generar nuevas dinámicas y paradigmas que permitan mantener los vínculos sociales, recuperar espacios y tiempos para la convivencia y restablecer la relación con la naturaleza. Esto supone organizar de manera interdisciplinaria el conocimiento local, fomentando la interacción de la teoría y la práctica, y ofrecer respuestas a los desafíos éticos actuales, desde una perspectiva que potencie la participación y la innovación social, combinando la experiencia concreta, la observación y la reflexión, además de promover la colaboración entre gobiernos, empresas, academia y comunidades. Comprender los desafíos éticos de la IA no puede considerarse un asunto solo de expertos.

REFERENCIAS BIBLIOGRÁFICAS

ARENAS DOLZ, F. (2024) «Más allá del capitalismo de la vigilancia. La democracia en la era de la inteligencia artificial», en E. González-Esteban y J. C. Siurana Aparisi (eds.) *Inteligencia artificial. Concepto, alcance y retos*, Valencia, Tirant lo Blanch, 121-148.

BREY, P. (2024) «Hacia una estrategia multilateral para la ética de la inteligencia artificial», en E. González-Esteban y J. C. Siurana Aparisi (eds.) *Inteligencia artificial. Concepto, alcance y retos*, Valencia, Tirant lo Blanch, 253-284.

COMISIÓN EUROPEA (2020) «White paper on artificial intelligence: a European approach to excellence and trust», COM (2020) 65 final (19 febrero 2020).

COMISIÓN EUROPEA (2021a) «Proposal for a Regulation of the European Parliament and of the Council. Laying down harmonized rules on Artificial Intelligence (Artificial Intelligence Act) and amending certain Union legislative acts», COM (2021) 206 final (21 abril 2021).

COMISIÓN EUROPEA (2021b) «Annexes to the Proposal for a Regulation of the European Parliament and of the Council. Laying down harmonized rules on Artificial Intelligence (Artificial Intelligence Act) and amending certain Union legislative acts», COM (2021) 206 final, anexos 1-9 (23 abril 2021).

CORTINA, A. (2024) *¿Ética o ideología de la inteligencia artificial? El eclipse de la razón comunicativa en una sociedad tecnologizada*, Barcelona, Paidós.

DOMINGO MORATALLA, A. (2024) «El reto del discernimiento en la inteligencia artificial: tiempo, atención y apropiación»», en E. González-Esteban y J. C. Siurana Aparisi (eds.) *Inteligencia artificial. Concepto, alcance y retos*, Valencia, Tirant lo Blanch, 233-251.

GARCÍA-MARZÁ, D. (2023) «Ética digital discursiva: de la explicabilidad a la participación», *Daimon. Revista Internacional de Filosofía*, 90, 99-114, DOI: 10.6018/daimon.562821.

GRUPO DE ALTO NIVEL DE EXPERTOS EN IA (2018) *Draft ethics guidelines for trustworthy AI: Working document for stakeholders' consultation*, Bruselas, European Commission.

GRUPO DE ALTO NIVEL DE EXPERTOS EN IA (2019) *Ethics guidelines for trustworthy AI*, Bruselas, European Commission.

GRUPO EUROPEO DE ÉTICA DE LA CIENCIA Y LAS NUEVAS TECNOLOGÍAS (2018) *Statement on artificial intelligence, robotics and 'autonomous' systems*, Bruselas, Publications Office of the European Union.

TERRONES, A. (2022) «Inteligencia artificial sostenible y evaluación ética constructiva», *Isegoría*, 67, e10, DOI: 10.3989/isegoria.2022.67.10.

Capítulo 12.

La influencia de la política en el sistema económico. El caso de los principales países latinoamericanos

NIKOLAY SHKOLYAR
Investigador Científico Principal
Instituto de America Latina
Academia de Ciencias de Rusia

América Latina moderna a menudo se considera con fines analíticos como una región que une a países en desarrollo con una cultura, idioma, orígenes religiosos y étnicos similares en la formación de la identidad nacional, así como con la presencia de problemas sistémicos y estructurales similares. Sin embargo, en realidad, la región de América Latina (AL) es un conjunto de 33 estados política, social y económicamente diferentes. Cada uno de estos países se diferencia no sólo en el tamaño del territorio, la población, las reservas de recursos naturales, sino también en el estado del sistema económico. Teniendo en cuenta estos factores, consideremos cómo las características generales y específicas de los sistemas económicos se manifestaron bajo la influencia de los cambios de rumbo político en los países líderes de la región latinoamericana: Argentina, Brasil, México y Chile.

ARGENTINA: REFORMAS FALLIDAS Y CRISIS CADA VEZ MÁS PROFUNDA

Uno de los ejemplos más significativos del impacto destructivo de la política económica en el sistema económico es la historia de Argentina. En el primer cuarto del siglo XX, Argentina era uno de los países con desarrollo dinámico de América Latina y uno de los diez países más prósperos del mundo. Sin embargo, actualmente ocupa sólo el puesto 64 en términos de PIB per cápita.

Los requisitos previos para tal declive residen en las contradicciones de la regulación gubernamental durante el desarrollo histórico de Argentina.

En 1946, como resultado de un golpe militar, llegó al poder el general Juan Perón, quien abogó por el desarrollo de la economía nacional a través de factores internos, lo que era fundamentalmente diferente de la tendencia global entonces dominante hacia la expansión del comercio internacional y los vínculos económicos. Argentina comenzó a aplicar una política de proteccionismo, cerrando el mercado interno, aumentando los derechos de aduana, limitando las exportaciones, expulsando a los inversores extranjeros y nacionalizando empresas.

Durante su reinado se creó un "vasto sector público". El gobierno nacionalizó el Banco Central, transfirió a manos del Estado las comunicaciones telefónicas, el suministro de gas natural y electricidad a los consumidores, creó una compañía nacional de aviación, fortaleció la flota mercante estatal, creó una empresa siderúrgica junto con capital privado, nacionalizó los ferrocarriles. y la red de infraestructuras de transporte. El gobierno hizo concesiones a los sindicatos y brindó apoyo a los trabajadores y empleados del sector público. Bajo el gobierno de J. Perón, los trabajadores de Argentina recibieron los salarios más altos de América Latina. Esto provocó una distribución desigual de los ingresos entre diferentes segmentos de la población y un mayor descontento en los círculos empresariales. Con el pretexto de restablecer el orden, otro grupo de militares tomó el poder. Siguió un período de inestabilidad política, con frecuentes cambios de gobiernos, tanto militares como civiles, que intentaban implementar reformas económicas.

En 1983 se produjo la última transición de los militares (durante el siglo XX, los militares tomaron el poder en Argentina nueve veces) a los civiles elegidos en elecciones presidenciales libres. Sin embargo, sus esfuerzos no detuvieron el aumento de la inflación, el desempleo y la deuda externa. Los frecuentes cambios de líderes (5 presidentes de 1999 a 2003) provocaron un aumento del gasto social y un aumento del déficit presupuestario estatal. Los ingresos por exportaciones fueron insuficientes para financiar las importaciones y pagar la deuda externa. Argentina se ha convertido en uno de los primeros países del mundo en cuanto a número de casos de insolvencia.

En el período de 2003 a 2015, en el desarrollo económico de Argentina se produjo un cambio del modelo neoliberal de modernización al neokeynesiano. En ese momento, la presidencia estaba ocupada por los cónyuges Kirchner, primero Néstor y luego Krestina, los líderes del bloque electoral "Frente para la Victoria", formado por parte de los peronistas. Argentina comenzó a centrarse en las fuentes internas de crecimiento y en una mayor participación del gobierno en la economía. En busca de recursos internos, el gobierno incluso decidió llevar a cabo una reforma del sistema de pensiones, como resultado de lo cual los fondos administrados por sociedades gestoras privadas pasaron a manos del Estado. Así, en 2008 fueron nacionalizadas la aerolínea Aerolíneas Argentinas y su filial Austral, que pertenecía al grupo español Marsans, así como la planta de aviones militares de la empresa estadounidense Lockheed Martin. Sin embargo, estos ejemplos tuvieron un impacto negativo en el flujo de capital extranjero hacia Argentina. Se produjo un deterioro del entorno institucional, que se manifestó en el funcionamiento ineficiente de los mercados financieros y de productos básicos.

Tras llegar al poder en 2015, el presidente Macri tomó medidas para liberalizar la economía argentina, incluida la reducción de la regulación gubernamental y la subvención de los servicios públicos y de transporte. Sin embargo, al final de su mandato presidencial, acumuló préstamos externos por una cantidad récord de 56 mil millones de dólares. El siguiente presidente, A. Fernández, aliado de los Kirchner y partidario de la intervención gubernamental en la economía, heredó el problema de Argentina. La deuda externa, que siguió creciendo, alcanzó los 233 mil millones de dólares. Dado que el saldo del presupuesto estatal ha ido disminuyendo continuamente durante varios años, el país se enfrenta una vez más a la imposibilidad de pagar los intereses de sus deudas. Desde principios del siglo XXI, Argentina ha experimentado 6 defaults técnicos, lo que estuvo asociado a la inestabilidad de su sistema económico ante shocks externos.

A medida que la situación de crisis en la economía argentina empeoraba, en noviembre de 2023, Javier Miley, representante del partido *Freedom Comes,* fue elegido presidente. Al asumir el cargo, anunció el inicio del "plan de estabilización de choque", firmando un decreto sobre la realización de 366 reformas a la vez. Decidió reducir el aparato gubernamental, cerrando 10 de los 19 ministerios (deportes y turismo, desarrollo económico, cultura, trabajo y protección social, ciencia y tecnología, asuntos de la mujer). En un contexto de alta inflación, devaluó la moneda nacional a la mitad. Anunció la privatización de 41 empresas estatales, entre ellas una aerolínea, un banco y un ferrocarril. Envió proyectos de ley al Congreso para cambiar los sistemas tributarios y gubernamentales. Sin embargo, la mayoría de las reformas que propone requieren la aprobación del Congreso, donde su partido es minoría. Los primeros 100 días del reinado de H. Miley demostraron los resultados contradictorios de las reformas que llevó a cabo. Por primera vez en muchos años, el gasto público no superó los ingresos del presupuesto estatal, pero el precio de este equilibrio es un aumento del desempleo y una fuerte caída de los ingresos de las amplias masas de la población. La actividad económica se desaceleró y la inflación se mantuvo alta, lo que significó que Argentina experimentó estanflación.

En general, la ideología de Perón no ha desaparecido en Argentina. Socavó la sostenibilidad del desarrollo del sistema económico del país y muchos problemas que surgieron durante ese período siguen sin resolverse hasta el día de hoy. Incluía un gasto gubernamental sustancial en seguridad social para la población en general. Sin embargo, la economía del país no pudo proporcionar ingresos suficientes para cubrir las obligaciones sociales asumidas por el Estado. Para financiarlos, Argentina, por un lado, tomó cada vez más préstamos del exterior y, por el otro, aumentó su emisión de dinero.

Actualmente, la estructura industrial del sistema económico argentino está débilmente orientada a las exportaciones. Mantiene la imagen de una de las economías más orientada hacia el interior del mundo y está mal integrada en el comercio internacional, ocupando el puesto 44 en exportaciones y 47 en importaciones de bienes en 2022. Su participación en las exportaciones mundiales fue del 0,4%. Sólo en el mercado internacional de cereales y piensos Argentina tiene una participación significativa: el 7,3% para cada uno de estos grupos de productos. El principal socio de comercio exterior de Argentina es Brasil, que representa el 14,3% de sus exportaciones. China se convirtió en el segundo mercado más importante para sus productos, representando el 9%, mientras que Estados Unidos representó sólo el 7,6% de las exportaciones argentinas.

BRASIL: DEL PROTECCIONISMO A UN MERCADO REGULADO

El estado actual del sistema económico brasileño está determinado en gran medida por el legado de las políticas proteccionistas de la dirección de la dictadura militar, que en el período de 1964 a 1985 se guió por el modelo neokeynesiano de modernización. Los gobiernos militares que cambiaban con frecuencia influyeron activamente en el desarrollo de la economía, invirtiendo importantes fondos públicos en la creación de infraestructura, la construcción de plantas metalúrgicas y petroquímicas e instalaciones energéticas. El control estatal se ejerció sobre las industrias minera y metalúrgica, la producción de petróleo y su refinación. Se atrajeron inversiones extranjeras para la creación de empresas de transporte y de ingeniería general. Durante estos años se crearon las grandes empresas estatales Electrobras y Petrobras. La economía brasileña creció a un ritmo elevado, alcanzando un 14% del PIB en 1973, dejando una huella en la historia económica mundial como el "milagro económico" brasileño. Sin embargo, este modelo provocó un aumento de la burocracia, una creciente corrupción, un aumento de la inflación, un despilfarro y, como consecuencia, una disminución de la tasa de crecimiento de la economía nacional.

En 1990, fue elegido presidente F. Color de Melo, quien redujo el gasto público aboliendo el número de ministerios de 23 a 12 y aumentó los ingresos presupuestarios mediante la privatización a gran escala de la propiedad estatal y la introducción de nuevos impuestos. Sin embargo, la inflación siguió aumentando, alcanzando el 6.000% en 1993, y cinco reformas monetarias llevadas a cabo desde 1986 no tuvieron éxito y sólo acentuaron la espiral inflacionaria.

Estabilizar la situación macroeconómica en Brasil sólo fue posible en 1994, después de la implementación de la sexta reforma monetaria: el Plan Real. El principal conductor de este plan es F.E. Cardoso (1995-2002), quien asumió la presidencia de Brasil. Inició un curso neoliberal de transición de una economía estatal a una economía predominantemente de mercado, abriendo amplias oportunidades para la participación del capital privado y de los inversores extranjeros en el sistema económico nacional. El programa de privatización de su gobierno incluía la venta de empresas de acero y energía, así como una reforma de las pensiones que recortó las pensiones desproporcionadamente altas para los funcionarios públicos y las empresas estatales.

Luego siguió un largo ciclo político, cuando en Brasil estaba en el poder el Partido de los Trabajadores, de orientación política centro-izquierdista (PT, presidentes L. Lula da Silva 2003-2010 y D. Rousseff 2011-2016), que continuó con las duras políticas macroeconómicas del anterior gobierno, pero detuvo el proceso de privatización de la propiedad estatal. Durante la dirección del PT, Brasil se convirtió en un país con altos gastos sociales, cuyo tamaño alcanzó el 27% del PIB e incluía el financiamiento del sistema de asistencia social, educación, atención sanitaria y vivienda. El inicio del segundo mandato de D. Rousseff coincidió con un fuerte deterioro de la situación económica en Brasil. En 2015-2016 el país entró en una recesión económica, lo que llevó a la destitución del presidente.

En 2023, como resultado de las elecciones presidenciales, L. Lula da Silva regresó al poder con el Programa de Crecimiento Acelerado. Canceló la privatización de la mayor empresa de petróleo y gas, Petrobras, y otras siete empresas estatales, iniciada por su predecesor, y restableció el programa previamente implementado para la construcción de viviendas sociales y el desarrollo de infraestructura.

El gobierno brasileño participa activamente en la regulación de la economía y ejerce control sobre ciertas grandes industrias, como las de petróleo y gas, metalurgia y fabricación de automóviles. Paralelamente a las empresas estatales, Brasil tiene un sector privado desarrollado que se dedica a la manufactura, el comercio y los servicios. La estructura productiva del sistema económico brasileño está bien diversificada y su papel en el comercio internacional está aumentando. En 2022, ocupó el puesto 26 en exportaciones y su participación en el mercado mundial de bienes fue del 1,4%. Brasil es uno de los mayores productores y exportadores de productos agrícolas. Ocupa el primer lugar en el mundo en exportaciones de semillas oleaginosas, azúcar, carne, café y té. Este país es un importante exportador de diversos productos, incluidos productos de acero y metal, productos semiacabados, equipos de aviación y automotrices. La mayor parte (26,8%) de las exportaciones brasileñas se destina a China y el segundo mercado más importante para sus productos es Estados Unidos (11,3%).

MÉXICO: UNA ECONOMÍA ABIERTA Y DEPENDIENTE

El sistema económico de México se desarrolló mediante el uso de factores internos y externos, en condiciones de estabilidad política, que fue asegurada por el gobierno del Partido Revolucionario Institucional (PRI), que estuvo en el poder de forma continua desde 1929 hasta 2000. Entre las figuras políticas de la primera mitad del siglo XX que tuvieron una influencia significativa en la formación del sistema económico de México, destaca la del presidente L. Cárdenas (1934-1940), quien siguió una política de nacionalización del petróleo del país.

A principios de la década de 1980, en medio de una crisis económica, la dirección del PRI proclamó un rumbo hacia una economía neoliberal y un mercado abierto, pero manteniendo el papel dominante del Estado. El presidente Miguel Ángel de la Madrid, cumpliendo con los requisitos del programa de asistencia del FMI, privatizó más de 900 empresas estatales, incluidos bancos, aerolíneas y fábricas.

La alta dependencia del sistema económico mexicano de factores externos se explica no solo por el hecho de que el principal mercado de los productos producidos en este país es Estados Unidos, sino también por la integración de las empresas mexicanas en las cadenas productivas y comerciales con sus vecinos del norte. Esto fue facilitado por el Tratado de Libre

Comercio de América del Norte entre México, Estados Unidos y Canadá, vigente desde el 1 de enero de 1994. Anteriormente se llamaba TLCAN, y ahora, tras su reforma durante el primer mandato del presidente Donald Trump, se llama T-MEC.

Como resultado de las transformaciones socioeconómicas y políticas neoliberales, a partir del año 2000, durante dos mandatos presidenciales, el país estuvo dirigido por representantes del Partido Acción Nacional (V. Fox y F. Calderón), quienes adhirieron al concepto de reducción del gobierno. La regulación de la economía y la combinación del neoliberalismo en la economía y el neoconservadurismo en la política, acogieron con satisfacción el desarrollo de la iniciativa privada y la reducción de la propiedad estatal.

La victoria en las elecciones presidenciales de 2012 en México fue para el candidato del PRI, Enrique Peña Nieto, cuya influencia en el sistema económico estuvo asociada con reformas estructurales, principalmente en el sector energético, abriéndolo al capital privado y extranjero. Para llevar a cabo la reforma energética, se modificaron tres artículos de la Constitución, se hicieron ajustes a casi tres docenas de leyes existentes relacionadas con el sector energético y se adoptaron nuevos actos legislativos.

En 2018, comenzó un nuevo giro hacia el aumento del papel del Estado en el desarrollo del sistema económico de México, como lo expresó Andrés Manuel López Obrador, fundador del partido Movimiento de Renacimiento Nacional (NRM), "un político que denuncia la corrupción y la corrupción del país", obtuvo una victoria aplastante en las elecciones presidenciales " A través de reformas, buscó restaurar el poder del Estado como generador de política económica y organizador de su implementación. Desde que asumió como presidente de México, López Obrador detuvo las reformas energéticas del gobierno anterior, canceló licitaciones para empresas privadas nacionales e internacionales y fortaleció a las empresas estatales.

Como destacó G. Castañeda (Castañeda, 1996. p. 1053), el sistema económico mexicano se basó en instituciones políticas y económicas. Está formado por mercados, leyes, acuerdos, incentivos, sectores económicos, mecanismos de coordinación, derechos de propiedad, etc. que determinan el desempeño económico de un país. El papel del Estado en el desarrollo de la economía del país se vio reforzado mediante el apoyo a las empresas estatales y el control presidencial directo sobre la construcción y reconstrucción de las instalaciones de infraestructura. Durante su reinado se construyó con fondos públicos un nuevo aeropuerto capitalino, un ferrocarril en el sur del país, se creó un corredor logístico entre los océanos

Pacífico y Atlántico, se fortaleció la empresa estatal Pemex, se construyó una nueva refinería de petróleo y se reconstruyeron las refinerías de petróleo existentes.

A pesar del impacto negativo del coronavirus y las turbulencias en las relaciones internacionales, México mantuvo la estabilidad macroeconómica, una política de comercio exterior predecible y el desarrollo de los mercados industriales. La dinámica del desarrollo económico en México durante la presidencia de López Obrador se acerca a la tendencia promedio latinoamericana.

México es uno de los mayores productores mundiales de automóviles, productos electrónicos, textiles y productos agrícolas. La estructura productiva del sistema económico de México está orientada a la exportación. Tiene una de las economías más abiertas del mundo y depende del comercio internacional, ocupando el puesto 12 tanto en exportaciones como en importaciones, con una participación del 2,3% de las exportaciones mundiales. Para ciertos grupos de bienes su participación es mucho mayor. Así, en 2022, la participación de México en las exportaciones mundiales de automóviles superó el 8,3%, en verduras el 10,9%, en frutas el 6,3% y en productos alcohólicos y no alcohólicos el 7,9%. Esto se debe a que los principales socios comerciales de México son Estados Unidos, que representa alrededor del 78% de sus exportaciones y el 44% de sus importaciones.

En México, las empresas automovilísticas transnacionales han creado más de tres docenas de grandes empresas que producen motores y componentes para automóviles, y también ensamblan alrededor de 50 modelos de camiones modernos y turismos de marcas famosas. En este país se ha desarrollado una industria automotriz desarrollada, se ha formado una red de distribuidores de proveedores y una clase de trabajadores profesionales y se ha creado una base de componentes. En 2023 se ensamblaron en México 3,8 millones de vehículos, de los cuales alrededor del 95% se exportaron principalmente al mercado estadounidense.

Al mismo tiempo, el funcionamiento del mecanismo económico mantiene serias limitaciones estructurales: demanda interna restringida, concentración de las exportaciones en un mercado o expansión del empleo informal y negocios paralelos. México enfrenta serios problemas de desigualdad de ingresos. La mayor parte de la riqueza se concentra en manos de un pequeño número de familias.

El modelo neoliberal de desarrollo del sistema económico, arraigado en México en el período anterior, no ha sufrido cambios significativos bajo López Obrador y según el programa de su sucesora, Claudia Sheinbaum, quien ganó las elecciones presidenciales el 2 de junio de 2024. , las condiciones para el funcionamiento de un mecanismo de economía abierta, para un régimen de libre comercio y una atracción activa de inversión extranjera continuarán durante los próximos seis años.

Hasta la fecha, México ha formado un sistema económico mixto. Su modelo combina elementos de una economía de mercado y una economía planificada, así como elementos de una forma tradicional de agricultura. El país tiene un sector privado, formado por individuos y empresas que toman decisiones libres para perseguir sus propios intereses, y un sector público, donde el gobierno decide cómo producir y distribuir algunos de los bienes y servicios de la economía. El gobierno desempeña un papel activo en la economía del país mediante la adquisición de bienes y servicios, la provisión de subsidios, incentivos fiscales y el funcionamiento de empresas estatales. En México coexisten tres tipos de sistemas económicos sin que uno domine al otro. Este equilibrio está regulado por la Constitución, que establece las reglas y funcionamiento de la actividad económica a través del derecho público, privado y social.

CHILE: DURA ESTABILIDAD PARA EL CRECIMIENTO ECONÓMICO

Las peculiaridades del desarrollo económico del Chile moderno contienen las consecuencias de los trágicos acontecimientos de hace cincuenta años, provocados por el enfrentamiento entre las ideologías capitalista y socialista. El programa del socialista S. Allende, candidato ganador de la coalición de la Unidad Popular en las elecciones de 1970, incluía: la nacionalización de las grandes empresas mineras del cobre y del sector bancario, la expropiación del 25% de las tierras de los latifundistas y su distribución entre pequeñas explotaciones y cooperativas. Los fondos del presupuesto estatal se utilizaron para aumentar los salarios, introducir educación y atención médica gratuitas y construir viviendas sociales. Inicialmente, las acciones del gobierno en esta dirección tuvieron un efecto positivo a corto plazo, reduciendo el desempleo y mejorando el bienestar de los pobres. Sin embargo, los costos causados por estas acciones fueron cubiertos principalmente por emisiones adicionales, lo que estimuló un aumento de la inflación al 800% anual y un aumento del déficit presupuestario estatal al 22% del PIB.

En esta situación, los militares, encabezados por el general A. Pinochet, dieron un golpe de estado el 11 de septiembre de 1973. Las duras acciones de la junta militar fueron acompañadas de un paquete de reformas liberales en la economía, implementadas por un grupo de especialistas chilenos formados en la Universidad de Chicago. Las reformas que llevaron a cabo estaban subordinadas a la tarea estratégica de aumentar la acumulación interna y tenían tres objetivos principales: liberalización de la economía, privatización de las empresas estatales y estabilización de la inflación. Sin embargo, como resultado de la "terapia de shock", se produjo una fuerte caída de los salarios reales y un aumento de la tasa de desempleo, el gasto en educación y medicina disminuyó, la influencia de los latifundistas volvió a aumentar y la proporción de la población por debajo del nivel la línea de pobreza aumentó.

El representante de la izquierda, el socialdemócrata Gabriel Boric, de 36 años, que llegó al poder tras las elecciones presidenciales de 2022, anunció un programa llamado "Apoyo a Chile: un plan de recuperación inclusivo". Este programa no implica ningún cambio fundamental en la política económica en comparación con el anterior presidente del país, representante de las fuerzas de centro derecha, Sebastián Pinheiro. Contiene 21 promesas específicas de carácter social, como congelar los precios del transporte público o aumentar las becas para estudiantes, pero no tiene impacto en el sistema económico establecido.

A pesar de esto, el paso notable de G. Borich para influir en el sistema económico fue su decisión de nacionalizar los depósitos de litio, un recurso estratégico para el desarrollo de vehículos eléctricos. La producción de litio en las minas existentes quedará bajo el control de la estatal Codelco, que ya controla los depósitos de cobre más grandes del mundo ubicados en Chile, y todos los contratos posteriores relacionados con el comercio de litio se celebrarán únicamente entre el Estado y empresas privadas específicas. La decisión de nacionalizar el litio en Chile va en contra del pensamiento económico neoliberal dominante que estructura muchas economías en el mundo occidental.

Chile tiene actualmente una de las economías más desarrolladas de América Latina, con altos niveles de competencia y propiedad privada. La economía chilena es muy estable y tiene una inflación relativamente baja, lo que ayuda a atraer inversión extranjera. La estructura industrial del sistema económico de Chile está orientada a la exportación. Este país participa activamente en las relaciones comerciales y económicas internacionales. Ha firmado acuerdos de libre comercio con muchos países. A pesar de que su participación en las exportaciones mundiales fue sólo del 0,4%, para ciertos grupos de bienes su participación es mucho mayor. Así, en 2022, la participación de Chile en las exportaciones globales del grupo de productos "cobre y productos no ferrosos" superó el 9,9%, "minerales, escorias y cenizas" – 8,4%, "frutas y nueces" – 5,8%. El principal socio comercial de Chile fue China, que compró el 37,9% de sus productos y el 15,2% de sus exportaciones se dirigieron al mercado estadounidense, que es el segundo socio comercial exterior.

En Chile, las relaciones de mercado se han desarrollado en la economía, pero el Estado regula las actividades en las áreas de salud, educación y protección social. A pesar de su alto nivel de desarrollo económico, existe una importante desigualdad de ingresos entre ricos y pobres en Chile. El gobierno chileno está invirtiendo activamente en educación, ciencia y tecnología, estimulando la innovación y el desarrollo de industrias de alta tecnología. En general, el sistema económico de Chile se caracteriza por los siguientes rasgos: una economía abierta de mercado desarrollado con un alto nivel de exportaciones y una intervención gubernamental moderada, así como actividad innovadora.

CONCLUSIÓN

Así, en el complejo camino de formación del sistema económico, los países líderes de AL tenían un vector común de combinar intereses públicos y privados. Sin embargo, la historia de cada uno de ellos manifestó sus propias características, períodos de agravamiento del enfrentamiento de estos intereses, provocando inestabilidad macroeconómica. En respuesta a las crisis económicas, se llevaron a cabo reformas monetarias, privatizaciones o nacionalizaciones de la propiedad. Los países líderes de AL han pasado por varias etapas de desarrollo del sistema económico desde formas coloniales y tradicionales hasta formas industriales y postindustriales de gobierno de la propiedad privada y estatal, hasta el uso de la información y las tecnologías digitales.

Actualmente, la mayoría de estos países están dominados por la propiedad privada, propiedad de individuos y empresas que toman decisiones en su propio interés en sus actividades comerciales. Operan en condiciones de mercado, es decir, de libre competencia entre productores y consumidores. Al mismo tiempo, muchos países de esta región tienen un sector público fuerte, donde el gobierno, a través de la gestión del presupuesto estatal y de las empresas estatales, está llamado a aplicar políticas económicas en interés de la sociedad. Además, casi todos los países de la región contienen elementos de un sistema económico tradicional basado en una forma comunal de propiedad y tradiciones y costumbres centenarias de agricultura de subsistencia. El modo de vida tradicional en América Latina suele caracterizarse por una fuerte influencia de la Iglesia católica, incluye un alto grado de desigualdad social y preserva diferencias entre los segmentos ricos y pobres de la población.

El sistema económico de los países de AL depende de su sistema político, el cual determina el marco legal y las instituciones que rigen las actividades económicas en el país. La forma de gobierno, las leyes, la política fiscal y los mecanismos de regulación del mercado tienen un impacto significativo en el sistema económico. A su vez, el sistema económico también influye en el sistema político. Por ejemplo, el desempeño económico, el nivel de bienestar de la población, el nivel de desempleo y la inflación pueden influir en el clima político de un país e influir en las elecciones, las decisiones políticas y la estructura de poder. El sistema político determina el grado de intervención gubernamental en la economía, el papel de los monopolios estatales y el apoyo a las industrias, y promueve el crecimiento económico creando condiciones de previsibilidad y confianza para justificar las inversiones y las decisiones comerciales a largo plazo.

El desarrollo de los sistemas económicos de los países de la región latinoamericana depende en gran medida de las decisiones del presidente y los términos de su gobierno. Actualmente, Brasil, México y Argentina son repúblicas federales, mientras que Colombia, Perú y Chile son estados unitarios. Tienen una forma de gobierno presidencial y un sistema multipartidista, es decir, tienen una estructura de gobierno que garantiza la separación de poderes y la participación de los ciudadanos en la vida política. En todos estos países, el presidente es el jefe de estado y jefe de gobierno. Sin embargo, según las constituciones de estos países, existen diferencias en los términos del poder presidencial y las condiciones para su reelección, lo que afecta la duración de sus políticas económicas. Así, el Presidente de Brasil es elegido por un mandato de cuatro años y puede ser reelegido por un mandato consecutivo. Además, un expresidente que haya cumplido dos mandatos consecutivos puede volver a postularse para la presidencia después de que haya expirado al menos un mandato de cuatro años (ejemplo de Luiz Inácio Lula da Silva). En Chile, el presidente es elegido por la población para un período de 4 años, sin derecho a reelección, pero con la posibilidad de volver a postularse después de 4 años, como ocurrió con Sebastián Pinheira. En México, el presidente ejerce el cargo por seis años y “bajo ninguna circunstancia y bajo ningún pretexto podrá volver a asumir este cargo”. Así, existe una interrelación e influencia mutua entre los sistemas económicos y políticos de un país; su interacción puede ser un factor clave para el funcionamiento exitoso del país.

FUENTES

Castañeda G. El Sistema económico mexicano, 1940-1988: Un planteamiento de teoría de juegos. El Trimestre Económico, Vol. 63, No. 250(2) (Abril-Junio de 1996), pp. 1053-1095.

Piva A. Política económica y modo de acumulación en la Argentina de la posconvertibilidad / Perfiles latinoamericanos. Vol.26 no.52, México jul./dic. 2018

Barbosa-Filho N. H. De Dilma a Bolsonaro: la política económica de Brasil de 2011 a 2019. El trimestre econonico, vol.87, no.347, Ciudad de México, jul./sep.2020, Epub 06-Feb-2021

Talvi E., Harguindegury S. Descifrando el laberinto económico de argentina: subir los precios para bajar la inflacion. 04 de abril de 2024. ttps://www.realinstitutoelcano.org/analisis/

Käufer T. La economía de Brasil florece gracias a China y Rusia. ttps://www.dw.com/es/13.03.2024

Arias J. La compleja política económica de Brasil. https://elpais.com/opinion/2024-06-08

La transformación económica chilena entre 1973-2003 - Memoria Chilena, Biblioteca Nacional de Chile/ https://www.memoriachilena.gob.cl/602/w3-article-719